Avanzando hacia una vida de Abundancia

Secretos de la Vid para Mujeres

Ábrete paso *hacia la* ABUNDANCIA

Darlene Marie Wilkinson

Publicado por
Editorial Unilit
Miami, Fl. 33172
Derechos reservados

© 2003 Editorial Unilit (Spanish translation)
Primera edición 2003

Originally published in English under the title: *Secrets of the Vine for Women*
© 2003 by Exponential, Inc.
Published by Multnomah Publishers, Inc.
204 W. Adams Avenue, P O Box 1720
Sisters, Oregon 97759 USA
All rights reserved.

© 2003 por Exponential, Inc.
Originalmente publicado en inglés con el título: *Secrets of the Vine for Women*
por Multnomah Publishers, Inc.
204 W. Adams Avenue, P. O. Box 1720
Sisters, Oregon 97759 USA
Todos los derechos reservados.

Todos los derechos de publicación con excepción del idioma inglés son contratados exclusivamente por GLINT, P. O. Box 4060, Ontario, California 91761-1003, USA. (All non-English rights are contracted through: Gospel Literature International, PO Box 4060, Ontario, CA 91761-1003, USA.)

Ninguna parte de esta publicación podrá ser reproducida, procesada en algún sistema que la pueda reproducir, o transmitida en alguna forma o por algún medio electrónico, mecánico, fotocopia, cinta magnetofónica u otro excepto para breves citas en reseñas, sin el permiso previo de los editores.

Traducido al español por: Nancy Pineda
Diseño de la cubierta por: David Carlson Design

Las citas bíblicas se tomaron de la Santa Biblia, Versión Reina Valera 1960
© Sociedades Bíblicas Unidas; La Santa Biblia, *Nueva Versión Internacional* © 1999 por la Sociedad Bíblica Internacional; *La Biblia de las Américas* © 1986 por The Lockman Foundation; y *Dios Habla Hoy*, la Biblia en Versión Popular © 1966,1970,1979 por la Sociedad Bíblica Americana, Nueva York. Usadas con permiso.

Producto 495321
ISBN 0-7899-1148-5
Impreso en Colombia
Printed in Colombia

Contenido

Prefacio: *Un lugar para crecer* 5

Capítulo 1: *La cosecha espiritual.* 7

Capítulo 2: *El toque de la abundancia.* 19

Capítulo 3: *Levantado por el amor* 33

Capítulo 4: *Espacio para más* 53

Capítulo 5: *El milagro del mucho fruto* 73

Capítulo 6: *El premio de tu Padre* 97

Apéndice: *Tres etapas en la viña de Dios.* 111

Prefacio

Un lugar para crecer

Querida lectora:

Gracias por seleccionar *Secretos de la vid para mujeres*. Oro que tú, junto con otras miles, recuerdes este pequeño libro como un punto decisivo en tu vida.

Un punto decisivo, una experiencia esencial, algo que te deje cambiada para siempre... eso que muchísimas mujeres están buscando hoy. ¡Y yo te puedo decir por experiencia personal que las palabras de Jesús en Juan 15 están cambiando vidas! En esta conversación en una viña la noche antes de morir, Jesús les mostró a sus seguidores cómo Dios obraría a fin de llevar a cada uno de ellos a una verdadera vida abundante.

Te invito a entrar conmigo en esa viña y escuchar con suma atención lo que dijo Jesús. Y mientras lees, que admires también la fidelidad y la grandeza de tu Padre debido a la increíble abundancia espiritual que tiene planeada para ti.

Con afecto,
Darlene Marie

*«Yo he venido para
que tengan vida,
y para que la tengan
en abundancia».*

Juan 10:10

Capítulo uno

La cosecha espiritual

El tren rechinó al detenerse. Una mujer joven ya estaba parada en la puerta contemplando por encima de los techos de la estación de trenes los dorados montes de Toscana. «¡Cuánta belleza!», dijo suspirando. Las bulliciosas ciudades del norte quedaron ahora tras sus espaldas. Al fin, estaba en casa.

Al descender a la plataforma de madera, sintió que su fatiga desaparecía. Ansiosa, examinaba con rapidez el mar de rostros hasta que lo vio. Su padre, un alto y bronceado hombre, extendió sus brazos y la rodeó en un abrazo.

—*¡Bienvenida, mi bella niña!* —*gritó*—. *¡Te he extrañado muchísimo!*

Al poco tiempo ya había enviado su equipaje por delante. Como de costumbre, su padre quería salir a pie del pueblo y subir las serpenteantes veredas que conducían a su casa. Al dejar la estación, caminaban de la mano, hablando y riendo. Él le preguntaba sobre su vida en la ciudad. Ella le preguntaba acerca de la cosecha que se avecinaba. Y a medida que hablaban y caminaban, ella se deleitaba en el cálido sol del otoño italiano.

En la cima de la colina sus ojos se fijaron en un conocido escenario: la viña de su padre, que se extendía en unas inclinadas hileras de una manera ordenada. Ella creció siguiendo a su padre mientras trabajaba de arriba abajo por esas filas. Y desde la niñez sabía que a su padre lo respetaban mucho en toda la comarca como un labrador de primera. Sin embargo, al primer vistazo de la viña, ahora pesada con el fruto, la respiración se le cortó en la garganta.

—¡Papá! —exclamó—. ¡Nunca he visto una cosecha tan prometedora!

Se encaminó hacia una hilera para mirar más de cerca. Inmensos racimos de oscuras y satinadas uvas colgaban de cada pámpano.

Al volverse a su padre, vio el placer en su rostro.

—Debes estar muy orgulloso —dijo—. Todavía recuerdo el lamentable estado de esas plantas la primera vez que vinimos aquí. ¡Con cuánta diligencia has trabajado todos esos años para producir tan increíble cosecha!

Tomada del brazo de su padre, se dirigieron hacia la casa.

—¡Estoy contenta de estar en casa para celebrar esta cosecha contigo! —dijo.

Esta era la cosecha esperada con más ilusión en la viña, y ella no quería perdérsela de ninguna manera. Apenas lograba contenerse.

La cosecha espiritual

La joven de nuestra historia ha observado, durante muchos años, la tendencia de la viña de su padre. Está muy al tanto de todo lo que se requiere para producir una cosecha. Y sabe cuánto significará para su padre una cosecha de uvas de primera calidad.

Tú, por otra parte, quizá nunca has caminado por una viña o ni siquiera has visto uvas colgando de un pámpano. Por esa razón, en los siguientes capítulos volveremos a visitar a nuestra joven amiga y su padre a medida que se acerca la cosecha de uvas. Quiero que sientas el sol, huelas la tierra y toques las rugosas hojas de la planta de uva. Quiero que celebres con ellos mientras esperan con ilusión una cosecha extraordinaria.

¿Por qué debes pensar en las uvas? Porque las verdades que quiero explorar contigo en este pequeño libro, basado en las enseñanzas de Jesús en Juan 15, tienen mucho que ver con las uvas y cómo crecen. La viña en que estamos interesadas es más bien un cuadro espiritual que un lugar real. Con todo, prometo que las lecciones que aprendas allí serán tan reales para ti que cambiarán tu vida para siempre.

Abundancia: una vida tan llena como sea posible de lo mejor de Dios.

Estoy segura de tal promesa porque nuestro maestro es Jesús, y sus palabras son parte de su última conversación con sus amigos la noche antes de su muerte. Lo que dijo sorprendió a sus discípulos. Estoy segura de que no era lo que ellos querían escuchar. Aun así, Jesús sabía que era lo que ellos necesitaban escuchar con urgencia. De otra manera, nunca experimentarían la vida abundante que Dios tenía en mente para ellos.

Sin embargo, Jesús entonces hace una serie de anuncios perturbadores.

Abundancia: una vida tan llena como sea posible de lo mejor de Dios. Es el cuadro que Dios también tiene en mente para nosotros. Es lamentable, pero si no comprendemos lo que Dios hace en nuestras vidas a fin de producir esa maravillosa cosecha, podemos en realidad actuar contra su buena mano en nuestras vidas sin conocerla jamás.

Para cuando termines este pequeño libro, tendrás claros algunos principios importantes de cómo tiene lugar la abundancia en tu vida, y aprenderás a cómo cooperar con la mano de tu Padre, para tu mayor satisfacción y para su gloria.

Por ejemplo, descubrirás cómo Él interviene cuando el pecado te hace retroceder. Comprenderás cómo responde cuando tus buenas intenciones te llevan por el mal camino. Aprenderás, quizá por primera vez, cuánto Él anhela disfrutar el compañerismo íntimo contigo, y tendrás una clara idea de

La cosecha espiritual

lo que necesitas hacer para establecer esa relación. Y, por último, sabrás con certeza que puedes esperar más resultados duraderos de tu vida de lo que jamás pensaste posible.

Ahora escucha lo que Jesús les dice en voz baja a sus discípulos durante la cena.

Revelaciones de la cena

Es la noche de la Pascua. Jesús y su círculo íntimo de seguidores comen juntos en el aposento alto. Tienen mucho que celebrar. Los hechos que los llevaron a esta comida les confirmaron a los discípulos que Jesús es el tan esperado Mesías. Están convencidos de que para mañana, si no antes, Jesús hará el anuncio y los introducirá en su nuevo reino. Y es un reino del cual están ansiosos por formar parte.

La atmósfera es electrizante. Sin embargo, Jesús entonces hace una serie de perturbadores anuncios: Uno de los discípulos lo traicionaría. Uno lo negaría. Él estaba a punto de irse, y ellos no lo pueden seguir. Y al final, la aplastante revelación: que «viene el príncipe de este mundo»... y no será Él.

> *Él estaba pensando en su amor por ellos. Y yo creo que Él estaba pensando en ti.*

Los hombres se quedaron mudos. Hacía apenas unos minutos estaban cerca de un gran futuro. Ahora Jesús parece estar diciendo que nunca ocurrirá. Todos sus sueños y planes se habían convertido en una aplastante desilusión.

Y al final de la noche, Jesús dice: «¡Levántense, vámonos de aquí!». A medida que Él los guía en la noche, las preguntas y dudas se arremolinaban en sus mentes. Mediante la luz de las lámparas y las antorchas, lo seguían en silencio por las serpenteantes calles de Jerusalén, hacia la puerta más baja de la ciudad y saliendo al valle de Cedrón.

Anticipamos un futuro brillante, solo para encontrarnos mirando dentro de un oscuro hoy.

Aquí, caminan a través de las antiguas viñas, atendidas con sumo cuidado por generaciones y famosas por su productividad. Jesús y sus seguidores se abrieron paso por las hileras de vides en el camino a su destino: el huerto de Getsemaní en un monte cercano.

Fue en esta misma viña, según creen muchos eruditos, que Jesús hizo un alto para entregarles a sus discípulos el mensaje de su partida. Y aquí, como a menudo hizo, Jesús usó una terrenal y conocida ilustración a fin de impartir verdades espirituales eternas. Antes, habló sobre el agua, los corderos, las monedas, los hijos descarriados y el pan. Esta vez Jesús habló sobre el fruto. «Yo soy la vid, vosotros los pámpanos», dijo Él (Juan 15:5).

La cosecha espiritual

Mientras hablaba, creo que señalaba a una rama, a las hojas, a la vid. Sin embargo, Él estaba mirando directo a sus amigos. Con cada palabra, pensaba en su amor por ellos, en los retos que enfrentaría, en el asombroso y específico futuro que Dios tenía en mente para cada uno de ellos.

Y yo creo que Él estaba pensando en ti.

Un cuadro de su plan

Uno de mis recuerdos favoritos de la niñez es el de nuestra familia trabajando alrededor de una mesa sobre un rompecabezas de quinientas piezas durante las vacaciones de Navidad. Me encantaba seleccionar en mi montón de piezas, entre las azules, las verdes, las multicolores, tratando de encontrar una que encajara bien. Una pieza irregular tras otra, el cuadro poco a poco cobraba vida. Por supuesto, de vez en cuando volteaba la tapa de la caja y le daba una atenta mirada a la pintura en la cubierta. Allí estaba: el vistoso cuadro terminado hacia el que todos trabajábamos.

Cada toque de su mano tiene la intención de llevarnos a un lugar de gran abundancia espiritual.

Esa tapa de la caja era la prueba de que sin importar cuán atascados estuviéramos en ese momento, cada una de nuestras piezas estaba hecha para que encajara. Al final, lo sabíamos, teníamos diseminada delante de nosotros una grandiosa escena: un puerto repleto de coloridos veleros, quizá, o una aldea en una montaña suiza. No adivinábamos nuestra meta. Veíamos dónde se suponía que terminara. Y veíamos que sería hermoso.

Es probable que tú también estuvieras muchas veces alrededor de la mesa con tu familia. Y, como yo, es probable que no te puedas imaginar cuán difíciles serían esos rompecabezas sin tener el gran cuadro allí mismo a la mano.

Esa noche en la viña, Jesús «volteó la caja» y nos mostró el gran cuadro. Deseaba que viéramos, sin importar en qué circunstancias estuviéramos en el momento, lo que Dios el Padre está tratando de hacer en nosotros y a través de nosotros para la eternidad. Deseaba que nosotros comprendiéramos cómo responderle a su voluntad. Deseaba que recordáramos que cada toque de su mano tiene la intención de llevarnos a un lugar de gran abundancia espiritual.

Las mujeres expresan sin cesar un deseo de ir más profundo.

Y para lograr todo eso, Jesús nos mostró un cuadro de una viña.

Usando las ilustraciones de un labrador, una vid, un pámpano y el fruto, Jesús nos dijo de plano que Él quería algo específico de nosotros. Y quiere mucho que Dios intervenga de

La cosecha espiritual

manera continua en nuestras vidas, a veces hasta con dolor, para hacerlo realidad.

Quizá te puedas identificar con lo que esos desilusionados discípulos experimentaron esa noche. Muchas mujeres lo hacen. Sabemos que es como anticipar un brillante futuro, solo para encontrarnos mirando dentro de un oscuro hoy. Las cosas marchan según el plan, entonces, sin una razón aparente, nos encontramos en una emboscada por la confusión o el dolor. Nos preguntamos: *¿Por qué pasa esto? ¿Me ha olvidado Dios? ¿Qué planes tiene para mí?*

Si ya leíste *Secretos de la vid*, sabes la respuesta. Si no, lo que te voy a contar quizá te sorprenda, pero es una sorpresa llena de promesa. De cualquier modo, si lo que más quieres es mayor productividad, servicio e impacto para Dios en tu vida, las enseñanzas de la viña son para ti.

Donde camina la mujer

Es posible que te preguntes el porqué decidí escribir *Secretos de la vid para mujeres*. Al fin y al cabo, ya es un éxito la publicación de *Secretos de la vid*. Y resulta que hasta lo han leído más las mujeres que los hombres. A Bruce lo han inundado con cartas de mujeres diciendo cosas como estas: «Leer este libro fue como recibir un gran abrazo de Dios», y «¡*Secretos* explicó lo que experimenté justo la semana pasada!». A todas partes que voy conozco mujeres que cambiaron por las verdades de Juan 15. Es más, la apelación especial de este mensaje para las mujeres es la razón misma por la que me sentí obligada a tomar mi bolígrafo (y sí, ¡comenzar mediante la escritura a mano!). Cada vez que enseño sobre este tema, las mujeres expresan sin cesar el deseo de ir más profundo. Quieren aprender más sobre de qué manera la conversación de Jesús en la viña se ajusta a sus experiencias como mujeres en el mundo actual. En pocas palabras, ¡quieren continuar la conversación!

Y yo también.

En las siguientes páginas te presentaré a algunas mujeres como tú. Son madres, hijas, esposas, hermanas y solteras con una cosa en común: Creen que Dios tiene un amoroso y asombroso plan de productividad en sus vidas... ¡y lo quieren con todo su corazón!

De pronto entendí cuánto en realidad me resistía a lo que Dios estaba haciendo a fin de ayudarme a florecer.

El mensaje de *Secretos de la vid para mujeres* es también muy personal para mí. Más que ninguna otra enseñanza que he explorado, ha cambiado extraordinariamente la manera de responder a los retos en mi vida. De pronto entendí cuánto en realidad me resistía a lo que Dios estaba haciendo a fin de ayudarme a florecer. No fue hasta que comprendí lo que Jesús enseñó acerca de la forma de actuar de Dios con nosotros que fui de cuestionar los motivos de Dios a aceptar su plan para mi vida. La palabra que mejor puede describir el resultado es *abundancia*.

Si eso es lo que quieres con todo tu corazón, por favor, únete a mí en las siguientes páginas.

*«Yo soy la vid verdadera,
y mi Padre es el labrador».*

Juan 15:1

Capítulo dos

El toque de la abundancia

Mientras esperaban a que se sirviera la cena, la joven y su padre salieron al patio enlosado. La viña todavía era visible en la opaca luz. En solo unos días, los trabajadores de kilómetros a la redonda llegarían a fin de ayudar con la cosecha.

Ella observaba y escuchaba mientras su padre señalaba varios cambios en el paisaje delante de ellos.

—¿Recuerdas la vista desde aquí cuando compré esta hacienda? —preguntó su padre.

Ella consideró su pregunta.

—Recuerdo más hileras de vides de las que jamás había visto. Y recuerdo las hojas. Recuerdo un montón de descuidadas...

—¿Pero tú recuerdas las uvas? —preguntó su padre.

—Solo unas pocas, papá. Una uva aquí y otra allá —dijo sonriendo. Él también sonreía. Ya habían tenido antes esta conversación.

Ahora, mirando con fijeza por encima de las vides cargadas de uva, recuerda una mañana de hace mucho tiempo...

Ella es una niña pequeña, jugando con montoncitos de tierra mientras observa a su padre trabajar con paciencia en un pámpano.

Elevando la vista para mirar con detenimiento a su padre debajo de un sombrero de paja, exclama: «Pero yo no veo ninguna uva aquí, papá. ¡Tú dijiste que íbamos a cosechar uvas!».

Su padre ríe. «Tienes buenos ojos, ¿verdad?» Él se endereza para echar un vistazo. «Estos pámpanos no tienen ningún fruto. Todavía no. Necesitan mucho cuidado y atención pacientes. Sin embargo, un día de estos, hija mía, un día de estos. Espera y verás...»

Una cosa que cualquier hortelano sabe es que una cosecha extraordinaria no ocurre de casualidad. Hace falta un plan, tiempo, trabajo y mucha atención. El labrador de nuestra historia sabe eso. Se dedica él mismo a cada pámpano en su viña porque quiere ver que cada uno florezca y se desarrolle.

Ahora escucha con atención las palabras de Jesús esa noche en la viña. Quizá los versículos te resulten conocidos. Sin embargo, recíbelos esta vez como una descripción en primera persona de tu Padre en el trabajo de su huerto.

> *«Yo soy la vid verdadera, y mi Padre es el labrador. Todo pámpano que en mí no lleva fruto, lo quitará; y todo aquel que lleva fruto,*

El toque de la abundancia

lo limpiará, para que lleve más fruto. Yo soy la vid, vosotros los pámpanos; el que permanece en mí, y yo en él, éste lleva mucho fruto; porque separados de mí nada podéis hacer. En esto es glorificado mi Padre, en que llevéis mucho fruto, y seáis así mis discípulos».

Juan 15:1-2, 5, 8

Nota que tu Padre tiene un plan: la mayor y más bella cosecha posible.

Nota las reveladoras señales de su total dedicación: ningún pámpano se pasa por alto.

Siente la singular pasión que Él derrama en su especial objeto de afecto: los pámpanos.

De Él vendrá el poder y la provisión para llevar a cabo la obra de su Padre.

En este capítulo observaremos más de cerca el cuadro que describió Jesús de la viña. Puesto que cada palabra que dijo es en verdad sobre ti... tu vida actual, tu relación con Dios y tu sorprendente futuro.

Tu vida como un pámpano

En el cuadro que Jesús dio esa noche en la viña están representadas tres figuras distintas.

1. *Jesús es la vid* (v. 1). En una viña, la vid es el tallo principal o tronco que crece de la tierra. Es interesante que la vid no produzca el fruto, lo hacen los pámpanos.

    Jesús les dice a sus discípulos que Él es su fuente de vida. De Él vendrá el poder y la provisión para llevar a cabo la obra de su Padre.

2. *Dios el Padre es el labrador* (v. 1). El labrador es el propietario de la viña o el que la atiende. Cuida cada pámpano de tal manera que produzca la mayor cantidad posible de uvas.

    Puesto que el papel de un cultivador se parece mucho al de un padre, no debiera sorprendernos que Jesús identificara a Dios el Padre como el Labrador.

3. *Cada seguidor de Cristo es un pámpano* (v. 5). En una viña, de cada vid crecen varios pámpanos. Se atan a un enrejado o se apoyan con varas para poder llegar a todos ellos a la hora de cuidarlos. Cada nuevo retoño, hoja o zarcillo se atiende con cuidado con la futura cosecha en mente. Y lo que el labrador tiene en mente es el fruto.

El toque de la abundancia

¿Eres una seguidora de Cristo? Entonces eres un pámpano. Durante toda tu vida, Dios ha trabajado con determinación en tu pámpano como un apasionado y atento labrador. Cada intervención en las circunstancias de tu vida ha sido con una meta en mente. Y la meta es esta: ¡una gran cosecha para la gloria de Dios.

> *Durante muchos años, dar fruto como cristiana fue un concepto vago para mí.*

Una puede decir que Jesús no quería que sus discípulos se perdieran la idea porque resumió de nuevo el significado del cuadro de su viña en el versículo 16:

> «*No me elegisteis vosotros a mí, sino que yo os elegí a vosotros, y os he puesto para que vayáis y llevéis fruto, y vuestro fruto permanezca*».

Jesús los dejaba a ellos, ¡y a nosotras!, con una tarea muy importante. Quería que diéramos fruto espiritual que durara para siempre.

Aun así, ¿qué es con exactitud el fruto?

Una pasión por más

Después que leyó *Secretos de la vid*, una mujer llamada Sarena le envió una nota a Bruce. «No tengo otro día que perder», dijo. «Ya he malgastado demasiados años. Quiero ser una cristiana apasionada. Quiero que mi vida sea un canasto que se desborde para Dios».

Comprendo la urgencia de Sarena sobre hacer algo importante con su vida. Sin embargo, tengo que admitir que durante muchos años, dar fruto como cristiana fue un concepto vago para mí. Pensaba que era algo que pastores y evangelistas hacían desde la plataforma delante de inmensas multitudes. ¡Y a mí me aterrorizaba por completo hablar en público!

Si pudiera darte una hoja de papel y te pidiera que anotaras un «fruto» que fue parte de tu vida ayer, ¿qué escribirías?

Si te quedas mirando la página en blanco, quizá se deba a que no estás segura, al igual que no lo estuve yo por tanto tiempo, de cómo comprender el fruto en la vida de una mujer. Es probable que estés tan ansiosa como Sarena de dar fruto para Dios, aunque es posible que no tengas idea de qué parece en realidad esa actividad.

Consideremos el Nuevo Testamento por ayuda. En los tres versículos siguientes, aparece repetida una palabra en asociación con la idea de la productividad espiritual.

Efesios 5:11: «No participéis en las obras *infructuosas* de las tinieblas».

Colosenses 1:10 (NVI): «Vivan de manera digna del Señor, agradándole en todo. Esto implica dar *fruto* en toda *buena obra*».

El toque de la abundancia

Tito 3:14 (RV-60): «Y aprendan también los nuestros a ocuparse en *buenas obras* para los casos de necesidad, para que no sean sin *fruto*».

Estoy segura de que está claro para ti ahora. Un fruto para Dios es una buena obra para Él: algo que haces que ayuda a otra persona y da gloria a Dios.

Ahora bien, si te pido que hagas una lista de buenas obras que has hecho recientemente, tu bolígrafo fluiría con más facilidad. O a lo mejor eres como yo y lo primero que te viene a la mente es una obra para Dios con el nombre y el rostro de otra persona...

CREADAS PARA ESTO

Pienso en Jan, por ejemplo. Su suegra de setenta años de edad se cayó la semana pasada y se fracturó una pierna por dos lugares. Aun con sus tres activos adolescentes, Jan hace con paciencia y gozo todo lo que puede a fin de cuidar a su suegra para que recupere la salud.

Pienso también en Jennifer, una oficinista a tiempo completo. Alguien describió su ambiente de trabajo como la «Madriguera de serpiente». Sin embargo, todo el mundo nota su actitud positiva y su paciencia con los demás (incluyendo un jefe exigente). Y saben que sus clientes confían en Jennifer debido a su integridad bajo presión.

Y Regina, madre de cuatro varones pequeños. Su esposo viaja muchísimo, pero ella trabaja duro a fin de lograr que su llegada a casa sea su mejor parte de la semana, incluyendo tener a los niños preparados y esperando en la puerta con abrazos para su papi.

Y Teri, que infunde aliento. Está confinada a una silla de ruedas debido a un accidente automovilístico. Cada semana pasa mucho tiempo orando por las necesidades de su congregación local. Cuando la visitan los amigos, casi siempre salen diciendo lo mismo: «Fui a darle aliento a Teri y yo salí animada».

Qué gran pregunta para que te hagas: ¿Hice lo que pude?

Muchísimas mujeres que conozco piensan que cantar en el coro o enseñar en una clase de escuela dominical son *verdaderas* buenas obras, y las tareas comunes y corrientes de servir a otros durante el día son menos importantes. Incluso los discípulos tenían ese problema.

Imagínate cómo se debió haber sentido María cuando ellos la criticaron por ungir la cabeza de Jesús con su frasco de perfume (Marcos 14:3-9, RV-60). La Biblia dice que estaban indignados y que «murmuraban contra ella» (v. 5). ¡Huy!

Como ves, los discípulos pensaban que el aceite habría tenido un uso más espiritual si se hubiera vendido y el dinero se hubiera dado para la caridad. No obstante, Jesús intervino en el debate y dijo: «Dejadla; ¿por qué la molestáis? Buena obra me ha hecho. (v. 6, RV-60).

Por lo tanto, necesitamos cambiar de manera de pensar en cuanto a las buenas obras que están listas y aguardando por cada una de nosotras a fin de ofrecérselas a Dios. A menudo, nuestras oportunidades no requieren de una plataforma, ni de un talento extraordinario, ni de una ocasión poco común. Exigen un corazón que esté preparado para hacer una buena obra por Jesús en el momento que se advierta.

¡Quizá la Biblia no registró todas las buenas obras posibles porque había demasiadas que anotar! Sin embargo, lo que la Biblia dice acerca de las buenas obras es incluso más asombroso. Estoy pensando en la declaración de Pablo en Efesios 2:

> *Porque somos hechura suya, creados en Cristo*
> *Jesús para buenas obras, las cuales Dios preparó*
> *de antemano para que anduviésemos en ellas.*

v. 10, RV-60

¡Qué increíble pensamiento! A ti y a mí nos crearon con el propósito de hacer buenas obras. Dios te diseñó, te dotó y te colocó en el mundo a fin de que el fruto de tu vida tuviera un impacto eterno. Incluso preparó las actividades para ti antes de que nacieras.

De todos los siglos a través del tiempo, esta es la generación en la que Dios decidió situarte. Por supuesto, no tiene nada que ver con el país ni la familia en que naciste. Con todo, no cabe duda que Dios te colocó en su mundo en este tiempo en particular con el propósito de que hicieras algo especial.

Ahora bien, quiero que notes lo que Jesús siguió diciendo acerca del sencillo acto desinteresado de María: «Ella hizo lo que pudo» (Marcos 14:8 NVI). ¡Qué gran pregunta para que te hagas al final del día! *¿Hice lo que pude?*

Te animo a que le pidas a Dios que te muestre cada día las buenas obras para las que estás preparada de manera especial, y que te ayude a hacerlas para su gloria. Una vez que la mujer ve el plan eterno del Labrador aflorar en cada día común y corriente, es difícil retroceder a esa antigua vida aburrida por la que una solía andar.

Te daré un ejemplo personal.

Andemos en las buenas obras

Recuerdo un día en que pensaba en Efesios 2:10 (RV-60) cuando de repente las palabras *para que anduviésemos en ellas* me hicieron saltar. ¿Andar en las buenas obras? ¿Qué me hizo pensar en eso?

En esa época, vivíamos en una pequeña casa azul donde pasaba mis días atendiendo las necesidades de dos niños pequeños y un ocupado esposo. Bruce comenzaba a viajar cada vez más a medida que el Señor bendecía su ministerio de enseñanza, Caminata Bíblica. Para mí, por otra parte, «viajar» casi

El toque de la abundancia

siempre significaba ir de carrerilla a la tienda de comestibles o a la oficina del doctor, y luego regresar a la casita azul. Mi bolso, mi armario y la mayoría de mis sueños olían a galletitas.

¿Te identificas?

Una mañana escuché un toque a la puerta. Una joven mamá que vivía más abajo en mi calle estaba parada allí llorando. Cuando la invité a pasar, me dijo que la mala conducta de sus tres hijos la tenían al borde de la locura. Necesitaba ayuda, pero no sabía a dónde volverse.

Todavía puedo vernos sentadas juntas a la mesa de la cocina tomando té. Puesto que hacía poco que había leído Proverbios durante mi devocional, sentí que era natural mostrarle varios versículos que brindaban sabiduría en cuanto a la disciplina familiar. Una hora más o menos después, salió alentada y comprometida a lidiar con sus hijos mediante el uso de los principios de Dios.

Ese fue el día en que comprendí lo que la Biblia quiere decir con andar en las buenas obras. Estaba ocupada haciendo los quehaceres de la casa que Dios me llamó a hacer durante esa etapa de mi vida. Para mi Señor, eran bellos, honorables y suficientes. Cuando llegó el momento oportuno, Dios no me dejó caer de repente en un auditorio ni en un programa de viajes internacionales. Me trajo otra madre que lloraba por sus hijos. Estaba parada delante de mí, en el portal de mi casita azul.

Imagínate que te levantas en la mañana y caminas todo el día. (¡Es más realista decir que quizá te parezca que corres todo el día!). Revisas tu lista de tareas y rutinas de trabajo y personas que dependen de ti. Cada actividad representa una buena obra para tu andar: un trabajo que haces y que se lo das al Señor. Solo tienes que estar preparada para verlo y para hacerlo con todo tu corazón.

Creo que es interesante que Jesús dijera «vayan y *lleven* fruto», no «vayan y *busquen* fruto». Cuando una piensa en esto, dar vida en el mundo es algo que las mujeres han comprendido desde Eva («Sean fructíferos y multiplíquense»). Y es nuestro privilegio y honor, sin importar dónde estemos, dar fruto espiritual para Él. ¡Y muchísimo!

Jesús dijo: «En esto es glorificado mi Padre, en que lleváis *mucho fruto*» (Juan 15:8).

Canastos de abundancia

Piensa en esto: No es con nuestras buenas intenciones de ser fructíferas que glorificamos a nuestro Padre. Ni siquiera se debe a cuánto nos esforzamos. Es cuánto fruto viene de nuestro pámpano. Cada pámpano da una cantidad diferente de fruto, y todo fruto honra a Dios. Sin embargo, la grandeza de la gloria de Dios viene de los que dan mucho fruto.

Si observas con atención la enseñanza de Jesús en Juan 15, notarás cuatro niveles de dar fruto:

Primer nivel: Ningún fruto («todo pámpano que en mí *no lleva fruto*», v. 2, énfasis añadido).

El toque de la abundancia

Segundo nivel: Fruto («todo pámpano que lleva *fruto*», v. 2).

Tercer nivel: Más fruto («para que lleve *más fruto*», v. 2).

Cuarto nivel: Mucho fruto («llevan *mucho fruto*», vv. 5, 8).

¿Dónde crees que está tu nivel de dar fruto en este mismo momento? Si el Maestro Labrador cosechara en tu pámpano este año para su gloria, ¿cuánto honor recibiría? ¿Mucho? ¿Alguno? ¿Un poco? ¿Ninguno?

Si percibes que tú estás entre los pámpanos que pueden dar mucho más fruto, ¡anímate! Dios se preocupa tanto por el resultado de tu productividad que puedes contar con Él para trabajar sin cesar en tu vida hacia una inmensa cosecha para Él.

En los siguientes capítulos, vamos a aprender lo que Dios hace para llevarnos de un nivel de productividad al siguiente, y luego al próximo. Los llamaremos sus métodos «secretos», pero en realidad son verdades muy sencillas que cada creyente puede comprender. Una vez que las conozcas, creo que estarás de acuerdo en que una vida de desbordante abundancia espiritual es el sueño de Dios para cada uno de sus hijos.

*Porque el SEÑOR disciplina
a los que ama, como corrige
un padre a su hijo querido.*

PROVERBIOS 3:12 (NVI)

Capítulo tres

Levantado por el amor

Durante la noche, el sonido de truenos distantes despertó a la joven mujer. Acostada en la cama, escuchaba las gotas de lluvia cernerse sobre las hojas allí afuera de su ventana. No eran buenas nuevas. Solo faltaban dos días para la cosecha y el tiempo no cooperaba.

Afuera, los relámpagos destellaban. La joven sabía que su padre estaba también despierto y preocupado.

Todavía recordaba la primera vez que una severa tormenta afectó la viña. Seguía a su padre en sus rondas cuando cargaba un balde de agua.

—Mira este pámpano —dijo él señalando uno que estaba medio enterrado en el lodo.

Ella observaba mientras se arrodillaba y se ponía a trabajar. Con delicadeza lavaba el pámpano y lo ataba de nuevo al emparrado.

—¿Qué estás haciendo? —preguntó.

—Ayudando a este pámpano a mejorar —respondió.

—¿Está enfermo?

—Sí, uno diría eso.

—¿Tiene fiebre, papá?

—No, cayó en el lodo en una tormenta.

—¿Ya no quiere dar uvas?

—¡Por supuesto que sí! Es más, ¡algún día dará más uvas de las que tú puedes comerte en una semana!

Ahora mientras la joven escuchaba el repiquetear de la lluvia, pensaba en cuán dulce y cuidadoso había sido su padre con cada pámpano mientras realizaba su trabajo.

Y con ese pensamiento, se dejó llevar de nuevo por el sueño.

No me parecía que fuera una cosa tan terrible. Al menos, mientras estaba en la tienda por departamentos en mi descanso para el almuerzo. La cajera leyó mal el precio y descontó varios dólares. Recuerdo que pensé: «¡Qué bendición! ¡Conseguí un verdadero descuento!». En ese tiempo, Bruce era un estudiante del seminario y yo estaba trabajando a tiempo completo para ayudar a pagar las cuentas. *El Señor debe estar proveyendo algo extra a través del error de la cajera*, decidí.

Sin embargo, mientras salía por la puerta, una no solicitada pregunta irrumpió en mis pensamientos: *¿Cuál es el término bíblico para lo que tú acabas de hacer?*

La respuesta destelló en mi mente: *robar*.

Levantado por el amor

Desearía decirte que di la vuelta e hice bien las cosas, pero no lo hice. En realidad, decidí que la tienda tenía muchísimo dinero, y que Bruce y yo no lo teníamos, y lo aparté de mi mente.

Con todo, cuando me acosté en la cama esa noche, mi inesperada «bendición» seguía viniendo a la mente, y di vueltas en la cama por horas. En la mañana, salí corriendo para el trabajo prometiéndome que devolvería el dinero en mi hora de almuerzo.

Al mediodía, a mitad de mi sándwich, tomé mi Nuevo Testamento de bolsillo. Abriéndolo al azar, leí Santiago 4:17 (NVI): «Así que comete pecado todo el que sabe hacer el bien y no lo hace». (¡Demasiado para una lectura al azar!).

Aun así, no regresé a esa tienda.

Por el contrario, regresé al trabajo solo para ir temprano a casa debido a un terrible dolor de cabeza. Aunque, ahora, me sentía enferma tanto en lo físico como en lo espiritual. Y enojada también. *Esto es absurdo*, estaba que echaba humo. *¡Es solo unos pocos dólares! ¿Por qué debería torturarme y humillarme por tan poco?*

Con todo, mientras yacía en mi cama, comprendía que no era poca cosa. Es más, esos pocos dólares robados eran en

> *Esos pocos dólares robados eran un síntoma de un muy poco atractivo patrón en mi vida.*

realidad el más reciente síntoma de un cada vez mayor y muy poco atractivo patrón en mi vida. Noté actitudes de rebelión, resistencia y transigencia que había estado disculpando por demasiado tiempo. No era sorprendente que me sintiera tan falta de motivación en lo espiritual.

¿Alguna vez te ha parecido que Dios te tiende una celada con una verdad como esa?

Este capítulo trata sobre cómo nuestro Padre interviene a fin de rescatarnos del lodo de nuestras malas decisiones. Las enseñanzas de Jesús en la viña nos muestran que el pecado sin abordar en nuestras vidas es como la tierra en el pámpano de uva de nuestro ser. Corta el aire y el sol, y hacen que dar fruto sea casi imposible. ¡Necesitamos ayuda!

Las buenas nuevas es que nuestro Padre el Labrador tiene un plan para nuestro futuro. Y el plan es tan maravilloso como sorprendente.

Levantado por amor

En su enseñanza en la viña, Jesús habló de manera muy directa acerca de lo que Dios hace con el pámpano estéril:

> *«Todo pámpano que en mí no lleva fruto, lo quitará».*
>
> v. 2

Puesto que Jesús identificaba cada pámpano «en mí», sabemos que estaba hablando solo acerca de los creyentes. A menudo, el Nuevo Testamento describe al creyente como una persona que está «en Cristo» (por ejemplo, lee Efesios 2:10 y Filipenses 3:9).

Aunque, ¿«lo quitará»? Eso no suena muy prometedor, ¿no es así?

Algunos han enseñado que Dios literalmente elimina un cristiano sin fruto. No obstante, si analizamos más de cerca el significado de la palabra griega *airo* (traducida aquí como «corta» o «quitará»), nos muestra un cuadro muy diferente y más esperanzador.

> *Dios nos ama demasiado para no intervenir cuando nos deslizamos fuera del camino.*

Si leíste *Secretos de la vid*, recuerdas cómo el estudio de Bruce en la lengua original, junto con una oportunidad de conversar con un cultivador de uva, le iluminó este pasaje. Una traducción más clara del verbo *airo* sería «tomar» o «levantar». (Otros pasajes del Nuevo Testamento apoyan esta interpretación de *airo*. La misma palabra se usa, por ejemplo, en Mateo 14:20 cuando los discípulos recogen doce canastas de alimentos después de la alimentación de los cinco mil, y en Mateo 27:32 cuando a Simón lo obligaron a cargar la cruz de Cristo).

Y según el encargado de la viña en California, «levantar» es lo que hacen con exactitud los cultivadores a los pámpanos que se arrastran por la tierra. El pámpano es demasiado valioso para cortarlo y desecharlo. En lugar de eso, el labrador levanta con cuidado los pámpanos de la tierra, los lava y los ata arriba donde reciban más sol de modo que puedan comenzar a producir de nuevo.

Tú y yo también somos demasiado valiosas para que nuestro Padre nos elimine. En lugar de desecharnos, Él intervendrá a fin de que volvamos a ser fructíferas. Sin embargo, ¿cómo se ve este proceso en nuestras vidas?

Esas son las maravillosas noticias del primer secreto de la vid.

> **PRIMER SECRETO DE LA VID:**
>
> *Si tu vida está siempre sin dar fruto,*
> *Dios va a intervenir para disciplinarte*
> *a fin de que des fruto.*

La verdad es que Dios nos ama demasiado para no intervenir cuando nos deslizamos fuera del camino. Él nos persigue y disciplina durante toda nuestra vida porque todavía tiene un plan para nuestro bien. Y ese bien, dice Jesús, se parece mucho a un pámpano lleno de bellas uvas.

Días de preparación

¿No sería fabuloso que solo experimentáramos lo mejor de Dios en la vida sin un poco de reorientación? Entonces, insisto,

¿no sería fantástico si nuestros niños hicieran bien las cosas sin necesidad de que nunca se las recordemos? ¿O quizá después de varios recordatorios? ¿O a lo mejor perdiendo un codiciado privilegio? ¡Huy!

¿Ya ves cuán fácil es ir desde la necesidad de disciplinar al sujeto del... dolor?

La Escritura usa palabras con las que los padres están familiarizados, tales como *disciplina* y *corrección*, a fin de describir cómo Dios reorienta a sus hijos. Por ejemplo, estos versículos en Hebreos:

Si soportáis la disciplina, Dios os trata como a hijos; porque ¿qué hijo es aquel a quien el padre no disciplina? Pero si se os deja sin disciplina, de la cual todos han sido participantes, entonces sois bastardos, y no hijos.

Hebreos 12:7-8 (RV-60)

Nos gustaría pensar que Dios el Padre escogería una reprensión disciplinaria que brindara maravillosos resultados sin dolor. Sin embargo, no es así. Hebreos nos asegura que:

Es verdad que ninguna disciplina al presente parece ser causa de gozo, sino de tristeza; pero después da fruto apacible de justicia a los que en ella han sido ejercitados.

v. 11

Si eres como yo, tienes una gran aversión por el dolor. Estoy en «alerta roja» en el momento que lo siento. Con todo, la verdad es que años atrás usé la misma reacción de «alerta roja» para enseñar a mis hijos pequeños. Primero, una advertencia: «¡Jessica, mi amor! ¡No toque la cocina! ¡Está caliente!». Si no daba resultado, una palmada en su manita venía a continuación: «¡Jessica, escucha y obedece! ¡Te dije que no tocaras la cocina! ¡Te quemarás!».

Nunca deberíamos pensar que todo el sufrimiento viene de Dios.

Comprendes lo que estoy diciendo, ¿verdad? El dolor de esa palmadita en la mano de tu hijo tiene un solo propósito: quieres impedir de verdad que experimente mayor dolor. La meta de tu disciplina es que tus hijos sean «entrenados por ella».

Por supuesto, Dios no golpea físicamente nuestras extraviadas manos. En su lugar, Él actúa a través de las personas y las circunstancias con el propósito de entrenar a sus hijos. Si respondemos de manera positiva al dolor, nos volvemos cada vez más en la dirección de Dios. Y el resultado es la «cosecha de justicia y paz».

Nunca deberíamos pensar que todo el sufrimiento viene de Dios. El Señor es la fuente de toda buena dádiva y todo don perfecto (Santiago 1:17). Aun así, resulta que tenemos que vivir en un mundo caído donde la enfermedad, la gente mala y los desastres naturales pueden golpear a cada instante. Dios comprende nuestro dolor tan a fondo que decidió enviar a su propio Hijo para darnos redención y vida eterna. Sin embargo, la Biblia aclara que Dios usará el perjuicio o el sufrimiento en nuestras vidas para captar nuestra atención, a fin de apartarnos de lo que nos daña y volvernos hacia la abundancia.

¿Nuestro Padre *quiere* causarnos malestar o angustia? Por supuesto que no.

¿Dejaría nuestro Padre de perseguirnos con lo mejor de Él? Ni siquiera cuando le quebrantamos su corazón.

Y ni siquiera si no prestamos atención la primera vez.

«A LOS QUE AMA EL SEÑOR»

Como cada mamá sabe, hay una gran diferencia en cómo disciplinas a Juanito si se pasa la clase de la escuela dominical brindando caramelos y cómo lo disciplinas si está robando de manera penosa y continua. De la misma manera, Dios está disciplinando siempre en proporción a la seriedad del pecado. En Mateo 18:15-17, Jesús enseñó el principio del incremento de la disciplina, y vemos que se repitió en Hebreos.

Nota las palabras subrayadas en los siguientes versículos. Muestra tres niveles diferentes para la disciplina, sugiriendo el incremento del grado de intensidad:

Habéis ya olvidado la exhortación que como a hijos se os dirige, diciendo:
Hijo mío, no menosprecies la disciplina del Señor,
Ni desmayes cuando eres <u>reprendido</u> por él;
Porque el Señor al que ama, <u>disciplina</u>,
Y <u>azota</u> a todo el que recibe por hijo.

HEBREOS 12:5-6

Disciplina es una palabra conocida que brinda el amor de nuestro Padre y nos asegura que somos sus hijos.

Una represión es una advertencia verbal. Si piensas en esto, estarás de acuerdo en que un día promedio, noventa y nueve por ciento de la disciplina de una madre joven viene a través de palabras de represión. Nosotras recibimos represión de una amiga, un pastor, una palabra de la Escritura o directamente del Espíritu Santo.

La disciplina parece mostrar un nivel más serio de corrección (el versículo 11 [DHH] del mismo capítulo la describe como «duele»). He experimentado este nivel de disciplina en forma de ansiedad emocional, angustia o un motivo constante de extrema frustración.

El tercer nivel, azote, apunta al dolor físico. En lo espiritual, es probable que este nivel de disciplina esté reservado para los cristianos que viven en franco pecado, que no les preocupa

Levantado por el amor

en lo absoluto lo que Dios quiere ni cómo sus acciones están afectando a otros.

Tú y yo podemos confiar en que los procedimientos de Dios con nosotras son siempre sabios y buenos, y con una meta en mente. El salmista escribió: «Antes que fuera yo humillado, descarriado andaba; mas ahora guardo tu palabra» (Salmo 119:67). La meta de Dios es siempre nuestra obediencia a su voluntad porque su voluntad es nuestro bien.

Es triste, pero cristianos que tú y yo conocemos están sufriendo sin necesidad cada día debido a que no escuchan ni actúan en la verdad de la disciplina de Dios. Han malinterpretado las indeseadas circunstancias y emociones como hechos al azar cuando en realidad son los esfuerzos de Dios por liberarnos del pecado y llevarnos de nuevo a la productividad.

La disciplina de Dios es siempre en proporción con la seriedad del pecado.

Algunas de nosotras actuamos incluso sobre la mentira de que podemos mantenernos en pecado constante, dando fruto para Dios... y no sentir otras indeseadas consecuencias. Como resultado, experimentamos el sufrimiento innecesario y una relación rota con nuestro Padre celestial.

Sin embargo, no tiene que ser de esa manera. Solo pregunta a algunas mujeres que han estado allí...

No confundas estas palabras

Asegúrate de no confundir la disciplina de Dios con el castigo. La disciplina es para los hijos de Dios; el castigo es para sus enemigos. El castigo incluye enojo, ira y el intento de hacer que alguien pague por sus ofensas. Cuando a Cristo lo colgaron de la cruz hace unos dos mil años, llevó en sí el castigo que merecíamos por nuestros pecados. Él «llevó al madero nuestros pecados, para que muramos al pecado y vivamos para la justicia» (1 Pedro 2:24). En el momento que creemos por fe que a través de su muerte y resurrección Jesús pagó toda la pena por nuestros pecados, la palabra castigo deja de aplicarse a nosotras.

No obstante, aun cuando nuestros pecados son perdonados, sus consecuencias producirán daños en nosotras, en otros y en nuestra relación con Dios. Es por eso que su amorosa corrección es tan importante. *Disciplina* es una palabra conocida que brinda el amor de nuestro Padre y nos asegura que somos sus hijos.

En Él tenemos redención mediante su sangre, el perdón de nuestros pecados según las riquezas de su gracia.

EFESIOS 1:7, LBLA

Levantado por el amor

Historias en el camino a la abundancia

«Sentía una inexplicable frustración y enojo aun cuando las cosas iban bien», escribió Nicole, después de leer *Secretos de la vid*. «No me podía imaginar qué causaba ese sentimiento hasta una noche cuando me senté a escribir en mi diario. Después de una oración de dos páginas, lo vi con claridad. Había sido incapaz de perdonarme a mí y a otros por algunas cosas que pasaron, y por eso suponía que Dios no podía perdonarme tampoco».

Cuando Nicole derramó sus lágrimas y su confesión a Dios, Él comenzó a restablecer el alivio que le faltaba. Ella dice que ahora siente una nueva sensación de paz. «La simple tarea de lavar los platos es más tranquila. Es muy bueno tener de nuevo una relación personal con Dios».

Ella dio los valientes pasos hacia una vida que honra a Dios. Sin embargo, seguía teniendo relaciones sexuales con su novio.

Entonces, está Amy, una mamá soltera que se entregó al Señor hace más o menos un año cuando un grupo de teatro cristiano visitó su barrio de Atlanta. Dejó atrás una vida de adicción a las drogas y al alcohol. Regresó a la escuela para obtener su título de segunda enseñanza. Ella dio muchos valientes pasos hacia una vida que honra a Dios. Sin embargo, seguía teniendo relaciones sexuales con su novio.

Dios no lidió con Amy en este asunto en el momento de su salvación. Por el contrario, le dio su tiempo para que creciera y comprendiera sus caminos y su voluntad para su vida. «Entonces vino una suave represión en la forma de preocupación de una amiga», dice ella. «Y cuando fui por consejería, el pastor fue incluso más franco conmigo en cuanto a lo que Dios exigía de sus hijos en el camino de la pureza sexual».

Aun así, Amy no quería cambiar esta parte de su vida. «Tenía miedo de perder a mi novio y que no quisiera casarse conmigo». La presión en la vida de Amy se incrementó cuando quiso trabajar con el grupo de secundaria en la iglesia. Sabía que no podía hacer eso hasta que no resolviera este asunto.

«Entonces las cosas empeoraron aun más para mí», admite ella. «Mi novio me traicionó con otra mujer. Perdí mi trabajo en la biblioteca. Sentía como si toda mi vida se desintegrara. Y lo hice. Me arrepentí... y es probable que a tiempo». Desde entonces, Amy ha estado encontrando muchas oportunidades de ministrar al ayudar a otras jóvenes que están luchando con los mismos asuntos.

En una reciente conferencia a la que asistí, una mujer dio este increíble testimonio. En su caso, permitió que la disciplina de Dios progresara a un nivel de mucha más intensidad:

> *Quizá tú estés contra una decisión, como lo estaba yo, de un nuevo comienzo con Dios.*

Levantado por el amor

«Hace seis meses me diagnosticaron con una enfermedad incurable y me dijeron que pusiera mis asuntos en orden. Fui a mi pastor, quien con sabiduría preguntó: "¿Hay algunos remordimientos en tu vida?". Después de reflexionar un poco, le dije que hacía diez años que guardaba un profundo rencor contra mi hermana, aun cuando mi amargura me había dañado a mí y a otros. "¿Deseas perdonarla ahora?", preguntó el pastor. Cuando dije que sí, me guio a través de un tiempo de confesión y arrepentimiento por mi ira, agravios y amargura. Luego fui a ver a mi hermana y le pregunté si podíamos hablar sobre nuestra relación rota. Confesé mi rencor y le dije que mi amargura hacia ella era pecado. Entonces le supliqué su perdón. Ella me perdonó y juntas disfrutamos de un tiempo muy significativo. Salí sintiéndome limpia y libre para amarla otra vez. A las pocas semanas, mis síntomas desaparecieron de manera inesperada. Es más, los doctores no encuentran señales de la enfermedad. Es por eso que ahora creo firmemente que el pecado constante en la vida de un cristiano tiene consecuencias espirituales y físicas».

> *Esa experiencia me mostró la fuente de mi esterilidad espiritual, y me reveló el constante deseo de Dios por mi restauración.*

Quizá tu historia no sea tan dramática como esta. ¡O a lo mejor es mucho más dramática! Dios tiene este tipo de asombrosa aventura delante de cada una de nosotras. No importa cuáles sean tus circunstancias en estos instantes, me imagino que si miraras atrás en tu propia vida, identificarías un tiempo cuando un grave e indeseado pecado te cortó las bendiciones de Dios y te colocó directamente en el sendero de su disciplina.

¡No permitas que la preciosa inversión de Dios en ti se desperdicie! Pregunta: *¿Qué aprendí en esos tiempos? ¿Qué sé ahora sobre Dios que no sabía antes? ¿Cómo he cambiado para mejorar?*

Me encaminé hacia un muy sorprendido administrador y le entregué sus dólares junto con mi disculpa.

Tú podrías determinar si ahora mismo estás experimentando la disciplina del Padre. Si es así, te animo a que evalúes de manera cuidadosa tus creencias y acciones. Quizá tú estés contra una decisión, como lo estaba yo, de un nuevo comienzo con Dios.

Las aguas del arrepentimiento

Al mirar atrás a mi contratiempo en la tienda por departamentos, casi me alegro de que no regresara enseguida a devolver esos pocos dólares. ¿Por qué? Porque esa experiencia me mostró la fuente de mi esterilidad espiritual y me reveló el constante deseo de Dios por mi restauración.

Antiguos obstáculos, nuevas creencias que se abren paso
adaptado de *Estudio Bíblico de Secretos de la vid*

Nunca tenemos que estar esclavizados por el pecado, repitiendo los mismos patrones destructivos (Romanos 6:11-12). Sin embargo, a veces nuestra forma de pensar humana puede estar comprometida a las mentiras. Escoge las falsas creencias que a la mayoría le parece que te están impidiendo hacer un cambio hoy. Permite que la Biblia te ayude a descubrir la nueva verdad que irrumpe y escríbela (con tus propias palabras) en tu diario.

1. La estrategia de «Yo puedo sobrevivir a Dios». *Crees que Dios al final se rendirá y te dejará solo.* Salmo 139:7-12; Lucas 15:1-7.

2. La defensa de «Si no puedes superarlo, agrúpalos». *Crees que no puedes vencer tu pecado. Has tratado muchas veces; ¿para qué probar de nuevo?* Romanos 6:14; 1 Corintios 10:1-13; 2 Pedro 2:9.

3. La suposición del «Grande y malo Dios». *Crees que Dios se equivoca al causarte dolor sin importar lo que hayas hecho.* Job 5:17-18; Salmo 145:8-9; Ezequiel 33:11; Hebreos 12:5-17.

4. La maniobra del «avestruz». *Crees que si no piensas en que Dios va a intervenir, es probable que Él no lo haga.* Gálatas 6:7-10; Filipenses 2:12-13.

5. El juego de «No fuego ahora significa no fuego después». *Crees que si Dios no te disciplina de inmediato cuando pecas, tampoco hará nada después.* Romanos 2:4-11; 1 Corintios 11:31-32; 2 Pedro 3:1-9.

Acostada en mi cama esa tarde, al final me sometí a su disciplina. Con lágrimas de arrepentimiento, confesé mi pecado, no solo de robar, sino también de aferrarme con tenacidad a mis actitudes de rebelión y de transigencia. Me volví a comprometer a hacer bien las cosas, sin importar el costo.

A la mañana siguiente, me encaminé hacia un muy sorprendido administrador y le entregué sus dólares junto con mi disculpa, ¡y de allí salió una mujer muy aliviada y renovada!

¡Tú estás empapada de paz cuando le dices sí a tu Padre, el Labrador!

Imagínate parada en un fresco estanque en un claro del bosque. Tus brazos están bien abiertos. Tu rostro está elevado. Tus ojos están cerrados. Una pura y fresca cascada te salpica por encima de ti y a tu alrededor... y tú estás empapada de paz.

¡Eso es lo que se siente cuando le dices sí a tu Padre, el Labrador, mientras Él lava el pecado que está cubriendo tu vida!

Te invito ahora mismo a calmar tu corazón delante del Señor. Pregúntale si hay algo en tu vida que lo aflige a Él. Luego sigue delante del Señor por los siguientes sesenta segundos.

Quizá sea el minuto más largo que experimentes en mucho tiempo, pero si le dices sí a cualquier cosa que Dios te pide que hagas, ¡también serán los mejores sesenta segundos!

Ahora bien, volvamos al labrador y descubramos el sorprendente plan de Dios a fin de prepararnos a ti y a mí, no solo para tener *algún* fruto espiritual, sino *más* fruto.

¡Mucho más!

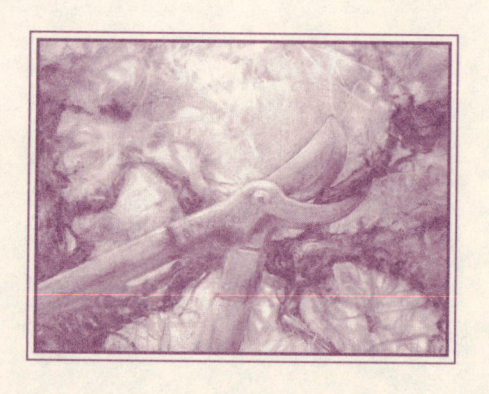

*«Todo pámpano que en mí no lleva fruto,
lo quitará. Y todo aquel que lleva fruto,
lo limpiará para que lleve más fruto».*

JUAN 15:2

Capítulo cuatro

Espacio para más

Los camiones llenos de canastos llegaron antes del amanecer. La mujer y su padre estaban afuera temprano para asegurarse que los canastos se depositaran en cada hilera, listos para que los recolectores comenzaran la faena del día.

Este era el primer día de la cosecha: el día que irrumpió en el calendario de la vida de la viña, el día cuando los resultados del trabajo hecho meses antes serían evidentes para cualquiera que los viera. Por fortuna, el tiempo se había tornado clemente y seco... perfecto para proteger de daños o del moho al fruto maduro.

Las horas pasaron en un frenesí de recolección, cargando rebosantes canastos al camión y conduciendo las cargas de las uvas cosechadas al pueblo. Durante varias semanas, la ajetreada escena de la viña se repetiría hasta que se recogió la última uva.

Al terminar la tarde, cuando los recolectores se habían ido al hogar, la joven mujer se sentó junto a su padre a la sombra de un árbol. Sus manos estaban manchadas, sus espaldas estaban cansadas... y ambos estaban regocijados. Cada señal apuntaba a un año excepcional.

—Papá —comenzó ella—, hasta el hombre más viejo estaba hoy comentando acerca de tus uvas. Ellos no recuerdan una recolección tan fabulosa de fruta. Los escuché gritar todo el día en la viña: "¡Bellísimo! ¡Bellísimo!".

—Hum —respondió él satisfecho con sus ojos entornados.

—Dicen que todos los de Toscana recordarán esta cosecha —continuó ella—. Cuando fui con los camiones al pueblo hoy, todo el mundo allí quería conocer tu secreto.

—¿Y qué les dijiste?

—Les dije lo que tú siempre dices.

Ella giró para encararlo de manera juguetona, entonces recitó:

—El secreto de llevar más al pueblo en septiembre está en dejar más detrás durante todo el año.

—¡Qué excelente estudiante eres, querida mía! —exclamó él—. Sin embargo, ¿lo comprendieron?

—Algo —musitó ella—, aunque no mucho.

———————

El labrador en nuestra historia comprendía y aplicaba el maravilloso principio de «dejar más detrás». Si tú cultivas un jardín o una huerta en tu casa, me imagino que lo haces también. Al principio de cada primavera le prestas especial atención a tus manzanos enanos o a tus apreciados

Espacio para más

rosales. ¿Por qué? Porque sabes que el tamaño y la condición del fruto o las flores que esperas disfrutar más tarde en el año dependerá de lo que haces ahora.

Y lo que tienes que hacer en este momento es podar.

Un manual de jardinería en nuestra casa define la poda como «remover las partes indeseadas de la planta por un propósito». Cortas los vástagos innecesarios. Eliminas retoños y follaje a fin de redirigir el crecimiento. Tu propósito es más fruto o mayor florecimiento.

Lo mismo es cierto en nuestras vidas espirituales. Jesús reveló un segundo y poderoso secreto de la vid esa noche en la viña cuando dijo: «Todo pámpano que en mí no lleva fruto, lo quitará para que lleve más fruto» (v. 2).

Sin duda, Jesús quería que tú y yo comprendiéramos lo que Dios, en su grande amor por nosotros, hace a fin de incrementar nuestra productividad.

Toda la idea de la poda espiritual nos habla de que tenemos que dejar mucho de lo «bastante bueno» para recibir lo mejor de Dios. Esta sorprendente verdad está en el corazón del segundo secreto de la vid.

> *La poda es el método de Dios de hacer sitio en tu vida para más de lo que en verdad importa.*

> ## SEGUNDO SECRETO DE LA VID:
>
> *Si tu vida ya produce algún fruto,*
> *Dios intervendrá para podarte…*
> *a fin de que des más fruto.*

En una vid, la poda reorienta la sabia del inservible crecimiento hacia el deseable fruto. En nuestras vidas, la poda es el método de Dios de hacer sitio en tu vida para más de lo que en verdad importa, y reorienta el flujo de su vida a través de nosotras con el propósito de que produzcamos más de lo que durará por la eternidad.

Aun cuando la poda no nos resulte muy divertida, su propósito está lleno de promesa. Es más, si cooperas con las grandes tijeras de Dios, pronto te verás asintiendo con la cabeza, no por lo que dejaste atrás, sino por los maravillosos resultados que ves florecer a tu alrededor.

El problema con las hojas

Piensa en las hojas como esas actividades, preocupaciones y prioridades que, aunque no son malas, están consumiendo valiosos recursos que serían mejor emplear en ir tras la productividad para Dios.

No sé tú, ¡pero soy sobre todo una experta en producir abundantes «hojas» en mi vida! Como mujeres, disfrutamos

Espacio para más

al crear una atractiva y cómoda vida para los que amamos. Aun así, podemos estar tan atrapadas en las demandas de lo inmediato que no dejamos sitio para el futuro que Dios está tratando de darnos.

Para mi amiga Gail, la enseñanza en un estudio bíblico semanal en su casa ha sido por años una actividad satisfactoria y fructífera. Por algún tiempo, sin embargo, las ocupaciones le impidieron dar el siguiente paso, uno que estaba abierto para ella, de desarrollar un programa de enseñanza en

> *Ya estás ocupada dando fruto. Aun así, tu amoroso Padre quiere ayudarte a dar «más fruto» para su gloria.*

vídeo que llegaría a muchos más con el mismo material. El año pasado, al fin dio el paso de fe. Volvió a priorizar sus actividades, entregó su grupo a una mujer de quien fue su tutora y se encaminó al estudio de grabación.

«Siempre oraba a fin de que Dios me usara para enseñar a más mujeres», me dijo, «pero quería hacerlo a mi manera. Era difícil abandonar ciertas actividades. Con todo, ya Dios está usando el vídeo de enseñanza para alcanzar a miles de mujeres a las que nunca habría llegado personalmente».

Cuando Dios comienza a podar en tu vida, tu primera reacción quizá sea para lamentarte: «¿Qué habré hecho mal?». No obstante, la verdad es que si Dios te está podando, ¡algo estás haciendo bien! No estás hundida por el peso del constante y grave pecado. Ya estás ocupada dando fruto. Aun así, tu amoroso Padre quiere ayudarte a dar «más fruto» para su gloria.

¿Era que Gail hacía algo malo? Por supuesto que no. Estaba ocupada haciendo el bien. El asunto era que Dios la estaba invitando a hacer más, a fin de alcanzar lo mejor de Él.

DISCIPLINA CONTRA PODA: UNA COMPARACIÓN		
ASUNTO	DISCIPLINA	PODA
¿CÓMO SABES LO QUE ESTÁ SUCEDIENDO?	*Dolor*	*Malestar*
¿POR QUÉ ESTÁ SUCEDIENDO?	*Estás haciendo algo malo (pecado)*	*Estás haciendo algo bueno (dando fruto)*
¿CUÁL ES TU NIVEL DE PRODUCTIVIDAD?	*Ningún fruto*	*Fruto*
¿CUÁL ES EL DESEO DEL LABRADOR?	*Fruto*	*Más fruto*
¿QUÉ DEBE DESAPARECER?	*Pecado (desobedeces al Señor)*	*El yo (poniéndome ante Dios)*
¿CÓMO TE DEBERÍAS SENTIR?	*Culpable, triste*	*Alivio, confianza*
¿CUÁL ES LA REACCIÓN ADECUADA?	*Arrepentimiento (dejar de pecar)*	*Entrega (darle permiso a Dios)*
¿CUÁNDO SE DETIENE?	*Cuando dejas de pecar*	*Cuando Dios acabe*

Espacio para más

Dios no poda pecado, eso es lo que hace con su disciplina. Su poda se enfoca en la segunda mejor ocupación que pueden emprender nuestras vidas, o en valores o actividades que solían ser una prioridad para nosotras, pero que ya no deberían serlo. Estas pueden consumir nuestro potencial por semanas o meses. Hasta quizá durante toda la vida.

Las grandes tijeras de Dios

Por supuesto, ¡Dios no entra con resolución a tu cocina blandiendo un enorme par de tijeras de podar! Por lo tanto, ¿de qué manera actúa Él?

Como veremos, Dios poda a la gente de forma indirecta. Opera a través de su pueblo y nuestras relaciones clave. Nos habla a través de su Palabra. Nos empuja con suavidad mediante la presión de circunstancias retadoras, tal vez pruebas en la casa, en el trabajo o en nuestras finanzas. Nos guía por medio de la insistente voz de su Espíritu en nuestros corazones.

Como quiera que Dios decida actuar, Él captará nuestra atención creando malestar si es necesario, a fin de que logremos enfocarnos y responder a la razón de ser de su poda.

Puesto que cada pámpano en Cristo recibe la poda, sabemos que el Labrador está trabajando por todas partes en la familia de Dios ahora mismo, ¡incluyendo tu vida y la mía! He notado un recurrente patrón de los centros de actividad para las tijeras de podar de Dios:

- Prioridades que hace falta reubicarlas
- Relaciones que necesitan cambiar o terminar
- Negocios que no logran lo que más importa
- Dependencias o apegos que ya tienen que desaparecer
- «Derechos» personales que Dios pide que se los rindamos a Él

¿Dónde crees que Dios podría estar podando en tu vida hoy?

Si no tienes idea, prueba esto: Observa los puntos recurrentes de presión (podrías llamarlos «invitaciones») en tu lectura de la Palabra de Dios, tus conversaciones con tus mentores espirituales, los retos que has enfrentado en los últimos tiempos. Dile a Dios que ya estás preparada para conocer su voluntad y rendirte con un corazón abierto.

El corte asombroso:
Historias de la vida después de la poda

Jorge Müller escribió: «Nuestro Padre nunca toma nada de sus hijos a menos que Él quiera darnos algo mejor». ¿Crees eso? ¡Yo lo creo! Y también las mujeres que estás a punto de conocer. Además, respondieron a la poda del Labrador y descubrieron «algo mejor» de Dios.

Espacio para más

Donna: «Arreglar a Brad no era mi responsabilidad personal».
Donna admite que siempre estaba tratando de lograr que su esposo, Brad, leyera su Biblia y fuera más espiritual. Un día, Brad tomó el último libro cristiano que ella le había dado y lo lanzó por la habitación. «Si tú no dejas de fastidiarme», le anunció airado, «¡saldré por esa puerta y nunca volveré!» Asustada y desconsolada, Donna le preguntó a Dios qué hacer.

«Los siguientes meses fueron de intenso dolor mientras Dios seguía trabajando en mi corazón», recuerda ella. Una amiga la ayudó a ver que su labor no era hacer santo a Brad. «Me di cuenta que mi preocupación y bien intencionada intromisión se estaban metiendo en el camino de Dios», dice. Cuando ella le permitió a Dios que transformara sus actitudes y acciones, las cosas cambiaron también con Brad. Donna dice:

«Fui capaz de abrirles mi corazón a estas mujeres porque sabía lo que se siente al no tener nada».

«Hay más armonía en nuestro matrimonio y más sinceridad espiritual hoy de lo que habría alcanzado jamás a mi manera».

Janis: «Nuestra casa y todas nuestras posesiones están siempre en préstamo».
Janis y su esposo llevaban veinticinco años de casados cuando por un fuego premeditado se incendió su casa hasta el polvo.

«Todo lo que teníamos desapareció», dice ella. «Tomó solo unos días, por la bondad de amigos y familiares, comenzar una nueva casa, pero me llevó meses desprenderme de las emociones por todo lo que había perdido. Lloraba cada vez que recordaba un álbum de fotos del bebé o un regalo de alguno de mis hijos».

Al final, Janis vio que aun cuando el Señor lamentó su pérdida con ella, la estaba invitando a crecer por esto. Así que se ofreció de voluntaria en un programa de su iglesia para ayudar a las mujeres desamparadas. «Fui capaz de abrirles mi corazón a estas mujeres porque sabía lo que se siente al no tener nada. Me di cuenta que Dios usó esta tragedia como una sorprendente oportunidad para la poda».

Cuando él se iba, ella se pasaba la mayoría de las noches mirando ociosamente la televisión o pensativa.

Hoy, Janis y su esposo sirven como misioneros. Ella dice: «Sin el aprendizaje de que mis posesiones son un préstamo de Dios, nunca lo habría dejado todo por servirlo en el extranjero. Sin embargo, lo que estamos viendo ahora es el fruto que durará para siempre. ¡Y jamás habríamos sido tan felices!».

Margie: «Mi enfermedad no fue un error».

Alta, espectacular y extrovertida, Margie era una líder de nacimiento que se ocupaba de usar sus dones para Dios. Pero

Espacio para más

un día, Margie se enfermó y tuvieron que hospitalizarla. Después de una operación, el cirujano anunció que por el resto de su vida tendría que alimentarse a través de un tubo insertado en su estómago.

«Un mes tras otro le pedía al Señor la salud a fin de ser capaz de regresar a mi trabajo para Él», recuerda ella. Durante tres años, Margie sufrió con su debilitante condición, y luego un día Dios la sanó de manera milagrosa. Le quitaron el tubo del estómago, ella recobró su fuerza y poco a poco comenzó a ministrar de nuevo. Sin embargo, Margie era una persona asombrosamente diferente. Es más, su trabajo con otras personas fue más eficiente debido al incremento de su sensibilidad y compasión.

> *Durante años Dios me había estado pidiendo que le rindiera mis expectativas.*

«Aprendí que cuando Dios tiene planes para nuestros dones y habilidades, puede tener planes incluso mayores para nuestra desesperada necesidad de Él», dice ahora Margie. «Creo que Dios me podó a través de mi enfermedad a fin de que me identificara mejor con las luchas diarias de otros. De cualquier manera, ahí es donde comienza el verdadero ministerio».

Mavis: «Dejé que Dios me desprendiera del trabajo de mi esposo».
Mavis había estado orando por años que Dios le concediera a su esposo Ed un trabajo que le permitiera estar en casa cada

noche. Cuando se iba, ella se pasaba la mayoría de las noches mirando ociosamente la televisión o pensativa.

«Fui infeliz hasta que dejé que Dios me desprendiera de lo que yo quería y acepté las oportunidades que Él estaba tratando de darme: tiempo con mis niños, tiempo para animar a las mamás solteras que conocemos, tiempo para buscarlo a Él», dice ella. «La calidad de vida de nuestra familia cambió por completo».

Mavis sigue orando por un trabajo diferente para Ed. Sin embargo, ha dado un gran paso hacia la madurez y el impacto para Dios.

Sandy: «Mi voz perfecta no era la voz que otros escucharían mejor». A una dotada joven cantante, Sandy, le encantaba servir al Señor con su voz. Entonces desarrolló un bulto en la garganta. Cuando el cirujano le dejó dañada las cuerdas vocales, Sandy estaba devastada. No comprendía por qué le habían quitado su extraordinario don.

Durante dos años, Sandy continuaba componiendo canciones, pero se negaba a cantar. Un domingo, para complacer a su esposo, cantó su canción favorita durante el culto de la noche. Un visitante, que resultó ser el presidente de una compañía de grabación, se conmovió tanto por el poder emocional del canto de Sandy que le ofreció un contrato. Su CD se distribuye ahora a través de una organización misionera a las iglesias alrededor del mundo.

Espacio para más

«Dios se llevó mi "perfecta voz"», dice Sandy, «y me dio una voz que alcanzaría a más personas de maneras más profundas para Él».

Nora: «Decidí rendir mi "derecho" a estar casada».
Desde que se había convertido en creyente, Nora sentía que tenía el «derecho» a casarse. En el pasado, esta actitud la condujo a relaciones destructivas con hombres inconversos. Aun cuando le había puesto fin a esto, Nora todavía se aferraba con fuerza a su creencia de que Dios le debía dar un esposo.

La poda siempre involucra rendición y renuncia de nuestra parte.

«Cuando aprendí el principio de la poda, vi que por años Dios me había estado pidiendo que le rindiera mis expectativas», dice ella. Una noche, llorando, renunció a una larga lista de «derechos»: a estar casada, a tener el control, a ser delgada. «Sobre todo», dice, «mi "derecho" a lamentar sin cesar los errores que cometí en el pasado.

»No puedo describir la paz que tengo ahora», dice Nora. «Cuando la ansiedad comienza a surgir sobre "¿Qué hago ahora?", simplemente le entrego al Señor mi "derecho" a preocuparme. En estos tiempos, estoy disfrutando muchas relaciones saludables con otras personas y la bendita seguridad de que el Señor sabe siempre lo que es mejor para mí.

Por supuesto, como es un perfecto caballero, ¡nunca me ha obligado a hacer lo que Él considera que es mejor!»

Con las manos abiertas

Cuando escuchaste las historias de estas mujeres, ¿qué te trajo el Señor a la mente? Es posible que te dieras cuenta que, en tu vida, el Labrador te ha estado podando en una importante esfera que es única en ti. Quizá te esté pidiendo que digas sí a su mano en tus finanzas, tu deseo a estar cómoda o segura, una situación familiar o a una nueva etapa de tu vida.

> *No comprendía que cada don en esta vida tiene un tiempo limitado.*

La poda siempre involucra rendición y renuncia de nuestra parte. Dios nos pide que mantengamos nuestras manos abiertas a sus caminos y a su voluntad. Es posible que nos pida que abandonemos algo que nos parece importante para nuestra felicidad. ¡No es de sorprender que en la poda sintamos malestar y hasta dolor! No obstante, sabemos por Santiago 1:17 que «toda buena dádiva y todo don perfecto descienden de lo alto, donde está el Padre». Por lo tanto, te animo a que recibas su poda como nada menos que un inesperado, que no has pedido, ¡pero sobremanera precioso don! Puesto que la poda es esto. Como escribió George McDonald: «Los dedos de Dios no pueden tocar nada excepto para moldearlo en belleza».

Espacio para más

He aquí algo que aprendí sobre los dones de Dios que han significado algo grande para mí:

Crecí creyendo que todo lo que amo, atesoro, disfruto y considero bueno en la tierra es un don de Dios. Sin embargo, no comprendía que cada don en esta vida tiene un tiempo limitado. Las personas mueren, las posesiones se pueden destruir y las posiciones desaparecen. Así es la vida. Y si supongo que todo lo que tengo en mi mano hoy es mío para guardar, me desilusionaré hasta lo más profundo. A la larga, comenzaré a cuestionar el carácter de Dios y sus intenciones hacia mí... lo que puede traer consigo un gran problema.

> *La poda significa perder algo ahora a fin de ganar algo después.*

Por lo tanto, además de mantener mis manos abiertas, me he imaginado un lugar para una fecha de expiración escrita en la parte de atrás de cada tesoro de mi vida. Entonces dejo que Dios cumpla en esa fecha. ¿Por qué no? De todas maneras, Él es el único que conoce mi futuro. Y Él es el único que sabe lo que sería mejor para mí. Como escribió David:

> *Pero yo, SEÑOR, en ti confío, y digo: «Tú eres mi Dios».*
> *Mi vida entera está en tus manos; líbrame de*
> *mis enemigos y perseguidores.*

SALMO 31:14-15 (NVI)

Reducir pérdidas a partir de la poda de los enredos
adaptado de *Estudio Bíblico de Secretos de la vid*

Si reconoces en ti alguna de las falsas creencias a continuación, deja que la Palabra de Dios te prepare para recibir la obra de abundancia que Él quiere para tu vida. Después escribe la nueva creencia que se abre paso en ti.

1. Piensas: «Dios me hace sufrir de manera injusta». 2 Corintios 1:3-7; Hebreos 5:8-9; Santiago 1:2-12; 1 Pedro 1:6-7.

2. Supones: «Dios me abandonó». Salmo 23; Salmo 139:1-6; Daniel 3:15-18; Juan 14:18; Romanos 8:35-39.

3. Exclamas: «¡Dios me pide demasiado!». Génesis 50:19-20; Job 23:8-10; 2 Corintios 9:8.

4. Preguntas: «¿Sabe Dios en verdad lo que está pasando?». Isaías 55:8-9; Mateo 6:8, 25-34; Romanos 11:33-36.

5. Razonas: «¿Cómo un amoroso Dios permitiría que ocurriera esto?». Salmo 73; Romanos 8:28, 37-39; 2 Corintios 12:7-10.

Espacio para más

La verdad es que no puedes determinar ni controlar cuánto tiempo tendrás a tu esposo, tus hijos, tus padres, tu trabajo, tu casa, ni tu salud. Si liberaras tu propiedad emocional de estas cosas, responderías de una manera mucho más positiva cuando llegue el momento de devolverle lo que Él con tanto amor y voluntad te prestó primero. Y serás mucho más capaz de recibir su consuelo en tu pérdida, así como darle gracias por el tiempo que tuviste para disfrutar sus dones.

Fruto a su debido tiempo

Lo admitiré, sería maravilloso si viéramos venir el fruto mientras sucede la poda. Con todo, no es de esa manera que marcha la vida en la viña. Los frutos toman tiempo para madurar. La poda significa perder algo ahora a fin de ganar algo después... algo que tal vez nunca verías ni te imaginarías de momento.

Es por eso que el Labrador nos invita a confiar en Él. Si estás en medio de una dolorosa etapa de poda ahora mismo, quizá ni siquiera tengas la energía emocional para pensar, mucho menos para estar agradecida por lo que está haciendo Dios. Aun así, por favor, comprende que nuestro Padre es paciente y bondadoso. Él conoce tu corazón, y también su corazón está quebrantado con

Tú puedes desahogar tu corazón y saber que Él se preocupa por tu mañana y tu presente.

el tuyo. Recuerda que Él es el único que «restaura a los abatidos y cubre con vendas sus heridas» (Salmo 147:3). Su nombre es «Padre misericordioso y Dios de toda consolación» (2 Corintios 1:3). Tú puedes desahogar tu corazón y saber que Él se preocupa por tu mañana y tu presente. Sus expertas manos trabajan en tu vida para lograr algo en ti que no harías sola.

Haz sitio en tu corazón para ese milagro hoy. Dale a Dios el tiempo que necesita para lograr algo grande, duradero y bello en tu vida para Él.

Sin importar lo que hagas, no permitas que tu resistencia a la poda de Dios te conduzca al enojo y a la rebelión. Eso solo te enviará de nuevo a la etapa de la disciplina... ¡y Dios quiere eso mucho menos que tú!

En su lugar, recibe hoy el don de la mano del Labrador y avanza, con confianza y expectación, a la etapa de «más fruto» que está al doblar de la esquina. En cuanto lo hagas, estarás preparada para dar más fruto para Dios, mediante tus oraciones, tu decisión de dar gracias y acciones diarias delante de otros. Ellos verán la bondad de Dios confirmadas por lo

> *Darás más fruto para Dios, mediante tus oraciones, tu decisión de dar gracias y acciones diarias delante de otros.*

Espacio para más

que tú haces y dices en medio de tus circunstancias. Tu fe les plantará las semillas de la fe. Ellos se animarán y a Dios le complacerá y será glorificado.

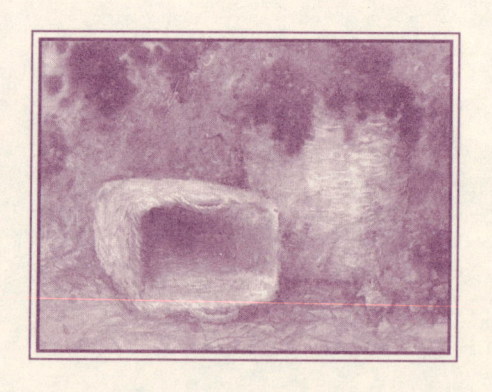

*«El que permanece en mí,
y yo en él, éste lleva mucho fruto».*

JUAN 15:5

Capítulo cinco

El milagro del mucho fruto

En el último día de la cosecha, el labrador celebró su competencia para premiar un pámpano. El concurso estaba basado en una pregunta que le hizo el labrador a sus trabajadores la primera vez que llegaron: «¿Cuál pámpano en mi viña creen que producirá más uvas?».

Los resultados de este año fueron asombrosos. Los candidatos trajeron canastos más pesados que nunca antes. Y el ganador, para sorpresa de todos, fue un trabajador en su primer año: un muchacho de Siena. Acarreó nueve kilos más de fruta de su pámpano que el contrincante que le seguía más de cerca.

La joven mujer, cuando menos, estaba dudosa.

—Papá —le preguntó cuando se marchó el último trabajador—, ¿cómo ese muchacho sabía cuál pámpano ganaría el premio?

—Tiene buena memoria.

—¿Qué quieres decir? —dijo.

—Cuando vino aquí el invierno pasado a pedirme trabajo, recorrimos juntos las hileras —dijo su padre con un guiño—. Le mostré cuál pámpano ganaría este año.

La hija se quedó boquiabierta sin dar crédito.

—*¿Pero cómo ibas a saber eso? ¡Los pámpanos entonces estaban desnudos por completo!*

—*Sí, pero de ese modo es que puedes ver el lugar que lo garantizará.*

Él se detuvo.

Ella esperó, deseando que dijera más, que explicara con exactitud lo que quería decir con el lugar que lo garantizará.

—*Ven, te lo mostraré —dijo al fin su padre.*

Se encaminaron a una hilera cercana.

—*Mira —dijo y apuntó al lugar en el que se encontraban el pámpano y la vid—. Tú mides la circunferencia del pámpano aquí, ¿lo ves?... justo donde sale del tronco.*

Sí, ella lo veía. El pámpano que su padre señaló crecía grueso y fuerte de la vid. Notó que otra rama cercana era solo una cuarta parte de grande en el mismo lugar.

—*El tamaño de este lugar de encuentro revela el tamaño potencial de la futura cosecha —continuó diciendo su padre—. La cosecha no puede ser mayor de lo que permita esta unión. ¡Sería imposible! Por otra parte, mientras mayor sea esta unión, mayor puede ser la producción.*

Observaban por encima de las hileras de pámpanos, ahora limpias de fruto, hasta la siguiente temporada.

—*¿Y tienes más secretos con los que me ganaría un premio? —preguntó ella.*

El milagro del mucho fruto

—*Quizá* —*dijo él con una sonrisa*—. *Con todo, ninguno mejor.*

El mayor milagro en cualquier viña es uno invisible. Fluye como un silencioso río debajo de la áspera corteza de la planta de uva. Avanza a través del tronco de la vid, sale a los pámpanos y de allí a los racimos de voluminosa fruta.

Ese invisible milagro es la sabia: la parte vital de cualquier viña. Y como sabía el labrador de nuestra historia, mientras mayor sea la conexión entre el pámpano y la vid, más impulso vital está disponible para producir el fruto.

Por supuesto, el poder de la sabia para producir abundancia de fruto es lo que importa en un pámpano que es saludable (ese que no lo arrastraron la tierra y la enfermedad) y bien podado (ese que no envía nutrientes en docenas de direcciones que se lo disputan). Solo entonces puede el flujo de vida a través del lugar de contacto de la vid con el pámpano producir resultados que son en verdad milagrosos.

El nombre que Jesús le da a esa misteriosa y poderosa conexión es permanecer. Él dijo:

> «*El que permanece en mí, y yo en él, éste lleva mucho fruto*».
>
> JUAN 15:5

¿Qué quiso decir Jesús con «permanece»? Esa no es una palabra que usamos mucho en esta época, pero el concepto es sencillo. Quiere decir mantenerse, quedarse, continuar en compañerismo. Con esta palabra, Jesús llamaba a sus discípulos a fortalecer y a ampliar su conexión con Él, la vid: *estar con Él* cada vez más.

Y el resultado directo de tal intimidad, prometido por Jesús, sería *«mucho fruto»*.

Si piensas en las circunstancias de esa conversación en la viña, casi puedes apreciar la angustia y el anhelo. Al fin y al cabo, Jesús les acababa de decir a sus mejores amigos que Él se marchaba. Físicamente, ¡no estarían juntos! Así que rogó con ellos: *«Permaneced en mí y yo en vosotros»*. En apenas siete versículos en Juan 15, ¡encontrarás que Jesús repitió once veces su ruego a «permanecer»!

Por lo tanto, la primera cosa que quiero que captes en este capítulo es solo cuánto *quiere* el Señor Jesús permanecer contigo. El Creador del Universo, el perfecto Hijo de Dios, el Salvador de tu alma quiere estar en una continua, creciente, floreciente e increíblemente relación productiva... *contigo*.

No tienes que saber más a fin de permanecer. No tienes que esperar hasta convertirte en más madura, a tener más éxito,

> *No tienes que esperar hasta convertirte en más madura, a tener más éxito, ni a que te acepten más.*

El milagro del mucho fruto

ni a que te acepten más. No tienes que probarte de ninguna manera que eres más valiosa. Ahora mismo, mientras lees esta página, eres ya el objeto de atención y cariño del Señor.

> *Manténganse en mí*, dice Él.
> *Estén en mí.*
> *Sigan en mí.*

¿Estás preparada para escuchar esa asombrosa invitación de una manera nueva hoy? Entonces tal vez estés preparada para avanzar hacia la vida más abundante posible. Y lo descubrirás en el tercer y último secreto de la vid.

TERCER SECRETO DE LA VID:

Si tu vida da mucho fruto, Dios te invitará a permanecer de manera más profunda con Él porque así es que Él produce mucho fruto a través de ti.

Tú te sentirías tan aliviada como yo lo estaba al aprender que no tienes que alcanzar tu potencial espiritual mediante el atiborramiento de servicio o trabajo para Dios en tus días. Es más, lo cierto es lo contrario. Solo cuando buscas una genuina e inquebrantable intimidad con Él es que puedes producir el fruto más eterno para su gloria.

Y esas debieran ser buenas noticias para cualquier mujer.

El lenguaje de las mujeres

Sin duda, este último secreto, el de permanecer, es en especial significativo para nosotras. Jesús está hablando aquí de nuestro lenguaje, ¿no lo crees? Es el lenguaje de la relación, del disfrute mutuo, del vínculo personal. Tal parece que Dios ha dotado a las mujeres con una pasión especial por la intimidad, tanto con los que amamos como con nuestro Señor. Comparado con el hombre promedio, la mayoría de las mujeres que conozco parece expresar sus emociones con más facilidad, disfrutar del compañerismo con más naturalidad y desear la unión con más entusiasmo.

Sin embargo, existe un problema.

Tal parece que Dios nos contrató además para cuidar, atender y agradar más de manera instintiva también. Y eso a menudo quiere decir exigencias fuera de control y ocupaciones desde el amanecer hasta el anochecer.

¿No sientes la tensión cada vez mayor en esa pequeña casa?

Es por eso que permanecer no es automático, ni siquiera para nosotras. Debemos elegir, casi siempre ante intensas presiones, prestar atención al urgente llamado de Jesús a salir y «estar en mí».

La conocida historia de María y Marta describe de manera especial esas prioridades que compiten en nuestras vidas (Lucas 10:38-42 NVI). Cuando un día Jesús y sus discípulos se

El milagro del mucho fruto

detuvieron en su casa en Betania, «María [...] sentada a los pies del Señor, escuchaba lo que él decía. Marta, por su parte, se sentía abrumada porque tenía mucho que hacer» (vv. 39-40).

¿No sientes la tensión cada vez mayor en esa pequeña casa? ¿Sería la *relación* o sería el *servicio* lo que ganaría aquel día? ¡Las dos hermanas quieren saber!

Al final, una muy agitada Marta le pidió a Jesús que le dijera a su hermana que se levantara y comenzara a ayudar. Sin embargo, Jesús le dio una tierna y sorprendente respuesta:

—Marta, Marta —le contestó Jesús—, estás inquieta y preocupada por muchas cosas, pero solo una es necesaria. María ha escogido la mejor, y nadie se la quitará.

VV. 41-42

Marta hizo la perfecta y seria elección de «ministerio» (estoy bastante segura de que yo lo habría hecho también). Invirtió sus energías y habilidades en asegurarse de que todo marchara bien y que cada persona recibiera atención. No obstante, María optó por permanecer con Jesús. Y cuando Marta le pidió a Jesús que reprendiera a su hermana por no preocuparse lo suficiente por servirlo a Él, Jesús se negó. ¿Por qué? Porque María había escogido *estar con Él*, y eso era mejor que *hacer por Él*.

A menudo, comienzo mi día como María. «Ven conmigo», escucho decir al Señor. «En un momento, Señor», contesto. «Aunque primero tengo que comenzar a lavar una tanda de ropa, y preparar a Jessica, y necesito estar en la puerta a...» Antes de darme cuenta, las exigencias del día me arrastraron, preocuparon y turbaron por las muchas cosas, y mi nombre es Marta.

Sentía que Dios me pedía que pasara la hora disfrutando sencillamente de su presencia.

¿No te parece conocido? La mayoría de las mujeres que conozco luchan para lograr terminar la lista de cosas de cada día. Pasar tiempo con Dios solo se convierte en otra actividad de nuestra lista, ¡cuando en realidad debería ser el cometido que prioricemos por encima de todo lo demás que hacemos!

Dios nos pide que decidamos permanecer, pero mira lo que pasa cuando no lo hacemos. Jesús dijo:

> *«El que permanece en mí, y yo en él, éste lleva mucho fruto; porque separados de mí nada podéis hacer».*
>
> Juan 15:5

¿Nada? Tú y yo tendemos a pensar que la única manera de lograr más en nuestro día es llenándolo más. Sin embargo,

El milagro del mucho fruto

el mensaje de Jesús para nosotras las Marta de este mundo es claro. *¡Estás demasiado ocupada para no permanecer!*

Demasiado ocupada para NO permanecer

Resulta ser que soy una persona bastante organizada y me complace estar bien preparada. Durante años, enseñé en una clase de estudio bíblico mensual y pasaba horas preparando mis lecciones y mecanografiando folletos. Con todo, un mes, una serie de inesperados sucesos me mantuvo tan ocupada que no podía prepararlos. La mañana de la clase al fin logré tener una hora para mí, pero para ese entonces estaba desesperada. Me arrodillé junto a mi cama y clamé al Señor por su ayuda. ¿Cómo quería que usara ese tiempo?

Era curioso, pero sentía que Dios me pedía que pasara la hora disfrutando sencillamente de su presencia. Por lo tanto, me llené de valor y me quedé de rodillas hasta que llegó el momento de partir.

Me encaminé a la clase sintiéndome desprovista de las mismas cosas que casi siempre me daban confianza: organización, medios, un plan detallado. Puesto que el plan normal para la clase era imposible, comencé en oración, luego dirigí la atención a un

> *Me encaminé a la clase sintiéndome desprovista de las mismas cosas que casi siempre me daban confianza.*

pasaje favorito. A partir de esas atesoradas palabras, hablé de lo que Dios me había enseñado con el paso de los años sobre esa materia. Por muy imprevista que fuera la presentación, durante la lección no dudé ni una vez de la presencia de Dios. Notaba que las mujeres estaban inclinadas hacia delante escuchando, absorbiendo lo que se estaba enseñando. Al final de la clase, varias estaban llorando. Una mujer quería saber cómo yo supe que mi tema era el mismo asunto por el que ella le había estado pidiendo a Dios su ayuda.

Mientras más ocupadas estamos, más necesitamos permanecer.

Mientras conducía a casa, comprendí por primera vez cómo hacer menos *para* Dios y estar más *con* Dios producía *mucho fruto*. Ahora bien, para ti quizá esa verdad parezca obvia. Con todo, si eres una de mis detallistas y superorganizadas hermanas, sé que comprendes lo que ese avance fue para mí.

Te diré otra cosa. Mientras más experiencia tenemos en el ministerio, más fácil es que nos confiemos en nuestros talentos, nuestro conocimiento, nuestra experiencia y nuestras bien desarrolladas ayudas de la enseñanza... y cada vez más dejar a Dios fuera del cuadro. Por supuesto, esa no es nuestra intención.

Aun así, sin darnos cuenta de esto, podemos olvidar que para hacer la obra de Dios necesitamos de su presencia y su poder... ¡y siempre más de esto! En su invitación a permanecer,

El milagro del mucho fruto

Jesús nos pide que lleguemos a ser cada vez más *dependientes* de Él, y el asombroso resultado es una abundancia de fruto.

Piensa en esto. El verdadero y duradero fruto no tiene lugar cuando tú y yo no estamos conectadas de manera profunda a Jesús, del mismo modo que un pámpano ya no puede dar fruto si yace en el suelo. Jesús dijo:

> *Como el pámpano no puede llevar fruto por sí mismo, si no permanece en la vid, así tampoco vosotros, si no permanecéis en mí.*
>
> v. 4

En realidad, mientras más ocupados estemos más necesitamos permanecer. Cuando permanecemos es que nos refrescamos y fortalecemos, y podremos evitar el agotamiento espiritual y emocional.

¿Cómo funciona? ¿Qué podemos hacer para permanecer?

Eso depende de quién tú eres...

Cada peregrino viaja hacia Dios con una promesa en la mano: podemos conocer a Dios.

Herramientas para permanecer

Al igual que te relacionas y te comunicas con cada uno de tus hijos de manera diferente, Dios nos invita a cada una de nosotras a permanecer con Él de una forma única. Sin embargo, a través de toda la Escritura y durante miles de años, el camino a la intimidad con Dios ha tenido las mismas pautas.

Ser un peregrino sigue requiriendo humildad, perseverancia, obediencia y un verdadero deseo de conocer al Señor de una manera más personal.

Mi oración parecía interminable. Sin embargo, cuando abrí los ojos, solo habían pasado cinco minutos.

Y cada peregrino viaja hacia Dios con una promesa en la mano: *podemos conocer a Dios.* «Acérquense a Dios, y él se acercará a ustedes», dice la Biblia (Santiago 4:8). «Me buscarán y me encontrarán, cuando me busquen de todo corazón» (Jeremías 29:13).

Con esto en mente, he aquí algunas sugerencias que te ayudarán a comenzar o a continuar permaneciendo.

1. *Haz una cita.*

Una mañana, mientras estaba jugando con mi nieto, sonó el timbre de la puerta. Jonathan solo tenía un año de edad, así que lo levanté y me lo llevé cargado hasta la puerta. La visita era mi vecina que venía a traerme una carta que le dejaron por error en su buzón.

Después que conversamos varios minutos, Jonathan puso sus pequeñas manos a cada lado de mi cara y la volvió hacia la suya. Cuando lo miré a los ojos, me di cuenta que estaba diciendo: «Abuela, quiero toda tu atención».

Eso es lo que Dios quiere de ti. No obstante, eso es difícil a menos que hagas un plan para permanecer, y hacer de ese plan una *prioridad*. Escoge un tiempo cuando estés en tu mejor momento. Determina un sitio tranquilo y privado. Luego haz una cita, escrita, y pégala en algún lugar en el que la puedas ver.

Cúmplelo con tanta regularidad como te sea posible. Si faltas, discúlpate (tal y como lo haces con una buena amiga), y recibe su perdón agradecida y con confianza.

2. Lee y medita en la Carta de Dios para ti.

Como una nueva cristiana, leer mi Biblia era una disciplina espiritual que me ayudaba a conocer lo que decía la Biblia y cómo quería Dios que viviera. No obstante, a medida que crecía en mi fe, deseaba más. Quiero escuchar la Palabra de Dios hablada directamente a mi vida en cuanto a las apremiantes circunstancias. Deseo cada vez más tener un encuentro personal con Jesús en las páginas de la Escritura.

Creo que esto era lo que Jesús tenía en mente cuando dijo: «Permaneced en mí». No le aconsejaba a sus discípulos que aprendieran más sobre la historia o la ley judía; ya sabían mucho acerca de eso. Les estaba pidiendo un constante y personal encuentro. Por lo tanto, en tu tiempo de permanecer, te animo a que leas la Biblia como la carta de Dios para ti.

Deja que sus palabras permanezcan en ti. Contémplalas. Llévalas contigo desde la habitación. Pablo dijo: «Que habite en ustedes la palabra de Cristo con toda su riqueza» (Colosenses 3:16 NVI). Y a medida que lo hagas, sus palabras para ti comenzarán a transformar tus pensamientos, sentimientos y valores.

3. *Habla con Dios.*

Recuerdo la primera vez que decidí levantarme temprano y pasar treinta minutos orando. Parecía bastante sencillo. Por lo tanto, me arrodillé y oré. Oré por todas mis preocupaciones, por todos los que me venían a la mente y por cada cosa alrededor del mundo. Mi oración parecía que no iba a terminar nunca. Sin embargo, cuando abrí los ojos, solo habían pasado cinco minutos. *¿Cómo la gente «espiritual» ora durante toda una hora?*, me pregunté.

La respuesta, que yo descubrí, es que la oración no es un monólogo, sino una conversación con un amigo. La gente que ora bien habla con Dios bien, como si Él estuviera allí, escuchando y participando de manera profunda, en la cual Él está de verdad.

Es provechoso tener una lista de personas y situaciones por las que oras con regularidad (algunas cosas también se incorporan siempre entre tus demás amistades cercanas y tú). Sin embargo, debido a que permaneces con el mismo Dios, puedes además derramar tus más profundos temores, tus más ocultos sentimientos y tus sinceros pensamientos a Él. Y, por supuesto, a menudo las amistades cercanas también le demuestran a una su afecto y gratitud.

4. Mantén un diario espiritual.

Escríbele una carta a Dios cada día en un cuaderno. Esto no es un diario de tu día (aunque quizá incluya algo de eso), sino más bien un registro de cómo estás espiritualmente. Escribe lo que Dios te está enseñando. Anota los pasajes de la Escritura que más significan para ti. Escribe tus oraciones y sigue al tanto de las respuestas. Pide y espera de Dios que te muestre su corazón, incluso mientras escribes.

Que no te entren dudas de cuán bien escribes ni de la ortografía. Incluso el salmista David lo sabía: «No me llega aún la palabra a la lengua cuando tú, SEÑOR, ya la sabes toda» (Salmo 139:4). Tu diario espiritual es privado y personal. Vuelve a menudo a él para ver lo que Dios está haciendo en tu vida y cómo estás cambiando.

5. Practica la permanencia inquebrantable.

¿Es posible para una mujer ocupada percatarse de la presencia de Dios cada momento del día, mientras conduces, vas de compras, trabajas o incluso en una conversación con otra persona? Todo lo demás sería lo que hiciste *mientras* estabas permaneciendo con Cristo.

La verdad es que eso *es* posible. Pablo se refirió a esto como «oren sin cesar». El hermano Lorenzo, un ministro laico que pasó años trabajando en la cocina de un monasterio, lo llamó «practicar la presencia de Dios». Es fácil para nosotras pensar que la permanencia es un hecho que finaliza cuando termina nuestro devocional. Entonces continuamos con las verdaderas ocupaciones de nuestro día. Sin embargo, la comunicación con el Señor se parece más a una constante concentración en el Único que permanece *siempre* con nosotras. Y podemos hacer eso en cualquier parte.

Una amiga mía describe así la permanencia inquebrantable: «Es una conversación silenciosa que sucede dentro de mí. Con todo, en lugar de pensar o hablar para mí, dirijo mis pensamientos hacia Dios. Él siempre está incluido. Estoy aprendiendo a tener una conversación fluida con Él sin importar lo que esté haciendo. Mi relación ha ido de una cita con Dios en la mañana a todo el día de romance en su presencia».

Mi primera fuente

Cuando tú y yo estamos en un contacto a fondo con la fuente de toda vida, cambiamos por completo. Lo que es más importante, *cambiamos* de maneras importantes... y de formas muy prácticas también. Por ejemplo, toma tu matrimonio u otras relaciones principales.

El milagro del mucho fruto

Nunca olvidaré cuán sorprendida estaba el día en que mi flamante esposo dijo de manera inesperada y con cierta frustración: «Mi tarea no es hacerte feliz».

«Entonces, ¿cuál es?», pregunté. Con todo, aun antes de que las palabras salieran de mi boca, sabía la respuesta. Y, sin duda, no eran de mi esposo.

Admitiré que como joven esposa suponía que Bruce sería la suprema fuente de satisfacción y felicidad en mi vida (tal y como prometen todas las canciones de amor). Sí, amaba a Dios y quería crecer en mi fe. Sin embargo, la relación en la que más permanecía era en la de Bruce. Eso significaba que buscaba en Bruce el tipo de intimidad que me haría sentir plena, importante y feliz. Cuando Bruce fallaba en cumplir esta tarea imposible, yo podía desesperarme y exigía.

> *Te inclinarás a pedir por las mismas cosas que son su voluntad y deleite darte.*

¿Te parece conocido este patrón? Cuando una mujer hace a otra persona que no sea Jesús su suprema fuente de contentamiento, termina abrumando a otros de manera irrazonable, pidiéndoles que suplan necesidades espirituales y emocionales que solo Dios puede satisfacer. Los resultados pueden ser dolorosos y descorazonadores.

Es posible que Dios tome la iniciativa de podarnos en esta esfera, causando que otros *retengan* lo que queremos de ellos porque quiere que lo recibamos de Él. Recuerda que nuestro Dios se describe como Dios celoso (Éxodo 34:14). Pide ser nuestro primer afecto, nuestro primer proveedor, nuestra primera seguridad. Quizá no has escuchado «los celos» en estas palabras de Jesús a ti sobre permanecer:

> *«Como el Padre me ha amado, así también yo os he amado; permaneced en mi amor».*
>
> Juan 15:9

Cuando permaneces en este maravilloso, atento y satisfactorio amor de Dios, ¡puedes esperar que otras relaciones en tu vida mejoren de forma extraordinaria! No te tienen que llenar, lo hace Dios. No tienen que explicar ni sustentar tu existencia, lo hace Dios. Esto no significa que las relaciones humanas perderán su importancia en tu vida. En lugar de permitir que esas relaciones definan y limiten tus necesidades, irás más a menudo a ellos desbordante del amor de Dios, preparada para dar sin restricciones del río de abundancia que fluye de su corazón a través del tuyo.

Permíteme mostrarte con más detalle cómo sucederá.

Las grandes esperanzas

El poder de permanecer en la vida de una mujer te cambiará de adentro afuera:

El milagro del mucho fruto

Serás más como Cristo.

A medida que pases cada vez más tiempo con Él, notarás que el carácter de Jesús se desarrolla en ti. Es un hecho que mientras más tiempo pasas con una persona, más tomas de sus características. Dedica tiempo a los Evangelios y haz una lista de algunas de las cualidades de Jesús que te gustaría que fueran realidad en ti. Luego observa que Dios las produce en ti a medida que permaneces en Él con más frecuencia.

Ganarás sabiduría y discernimiento.

Mientras más tiempo pases con Dios, más crecerás en discernimiento piadoso. Dios quiere que conozcas su voluntad, y Él te dará sabiduría cuando esperes con paciencia en Él (Santiago 1:5).

Cuando te hace falta hacer una decisión importante... permanece. Dios te dirigirá con fidelidad mientras pasas tiempo en su presencia. Cuando estás luchando con una relación... permanece. Cuando tienes duda en cuanto a si te están podando o disciplinando... permanece. Dios será fiel a fin de revelarte la verdad.

Orarás más de acuerdo con la voluntad de Dios... y Él contestará.

Jesús dijo: «Si permanecéis en mí, y mis palabras permanecen en vosotros, pedid todo lo que que queréis, y os será hecho»

(Juan 15:7). ¡Qué sorprendente promesa! No obstante, tiene sentido. Cuando permaneces con intensidad en Jesús, tu corazón y mente llegan a estar más en armonía con Él y sus propósitos. Como resultado, te inclinarás a pedir por las mismas cosas que son su voluntad y deleite darte.

Experimentarás su paz y presencia.
Mientras más tiempo pases con Cristo, más experimentarás la paz de su presencia aun en medio de pruebas y crisis. Hace poco, una amiga mía se encontró atrapada en medio de un robo en proceso. Se sintió tentada a correr hacia la señal de salida, pero percibió con claridad que Dios le decía: «¡No corras!».

> *Él quiere el placer de tu compañía… en cualquier momento, en cualquier parte, de cualquier manera.*

«Después que terminó la horrible experiencia», dice ella, «me di cuenta que siempre estuve en calma. Y de haber corrido hacia la puerta, me habrían disparado. Creo que escuché a Dios porque mi corazón estaba en paz y esta viene de la disciplina en mi vida a permanecer».

Y además de todo esto, la práctica de la permanencia te traerá un regalo especial y muy personal de Jesús. Él lo llamó «mi alegría».

Cinco destructores de la permanencia
adaptado de *Estudio Bíblico de Secretos de la vid*

Mira a ver si reconoces en ti los «destructores de la permanencia» de esta página (cada ejemplo, aunque poderoso, es falso). Permite que la Biblia te ayude a descubrir la nueva verdad que se abre paso y escríbela (con tus propias palabras) en tu diario.

1. La equivocación de «Pero no siento nada». *Supones que si no tienes fuertes emociones, no pasó nada.* Salmo 145:18; 1 Juan 3:19-20.

2. La confusión de «No le agrado a Él». *Crees que Dios te ama, pero dudas de que en realidad le caigas bien.* Juan 15:15; Efesios 3:17-19; 1 Juan 3:1.

3. El craso error de «Estoy demasiado ocupado». *Permites que tu plan te impida permanecer con regularidad, pero piensas que de todas maneras Dios se conectará contigo.* Isaías 40:31; Mateo 6:33; Mateo 11:28.

4. El disparate de «El pecado no importa». *Crees que la desobediencia constante no te impedirá permanecer, sobre todo si experimentas sentimientos agradables durante la iglesia.* Salmo 15; Salmo 66:18-20; Santiago 4:8; 1 Juan 1:5-7.

5. La idea de «Hacer lo que es debido». *Crees que la lectura de la Biblia y la oración son pruebas de que tienes una relación con Dios.* 1 Samuel 16:7; Salmo 27:4-8; Mateo 5:6.

Una invitación a la alegría

Ya ves, la alegría fue por último la razón misma de que Jesús nos diera su mensaje en la viña. Dijo mucho de Él mismo:

«Estas cosas os he hablado, para que mi gozo esté en vosotros, y vuestro gozo sea cumplido».

V. 11

Es posible que seas madre de un recién nacido que te tiene levantada todas las horas de la noche. Tal vez estés cuidando casi a cada hora a un anciano y enfermizo padre. Quizá te sientas incapaz o indigna por completo de sentarte a los pies de Jesús.

Jesús quiere que sepas hoy la verdad. Él quiere el placer de tu compañía... en cualquier momento, en cualquier parte, de cualquier manera, y si le dices que sí, Él te dará su alegría.

Si le dices que sí, Él te dará su alegría.

Espero que estos pocos capítulos pasados hayan despertado en ti un cada vez mayor deseo por la productividad extraordinaria para Dios. En nuestro próximo y final capítulo, vamos a hacer algunas preguntas clave sobre tu relación con tu Padre. Juntas, descubriremos las barreras potenciales que te impedirían experimentar todo lo que Él tiene en mente para tu vida.

El milagro del mucho fruto

Recuerda que lo que Dios tiene en mente para ti va mucho más allá de lo que estás experimentando ahora mismo y que es posible que ni te lo puedas imaginar. A ti, un magnífico pámpano en la viña del Padre, te hicieron para la abundancia.

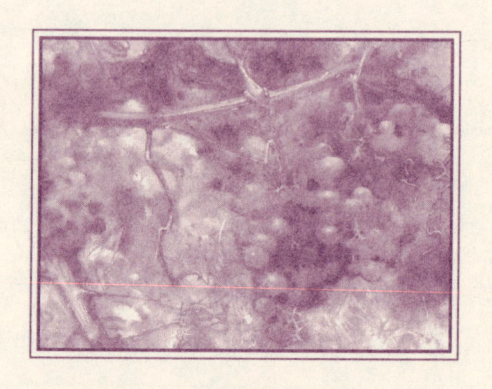

*El que comenzó en vosotros
la buena obra, la perfeccionará
hasta el día de Jesucristo.*

Filipenses 1:6

CAPÍTULO SEIS

El premio de tu Padre

Ella se sentó junto a la ventanilla del tren observando las rojas tejas de los techos, los pueblecitos en las cimas de las colinas y las bien atendidas viñas de Toscana al pasar. Siena, Empoli, Pontedera... los pueblos del valle iban y venían en sus recuerdos de la infancia. Pronto el tren se volvería al norte, llevándosela de Italia y trayéndola de regreso a su vida en la ciudad.

De repente, recordó el regalo que le dio su padre al partir. Sacó el pequeño paquete del bolsillo de su abrigo, y cuando lo abrió, un medallón ovalado de plata cayó en su regazo.

Lo examinó deleitada. En su cubierta, el medallón mostraba un racimo de uva grabado al relieve. Dentro guardaba una fotografía en sepia. La foto la mostraba a ella de pequeña sentada a horcajadas en los anchos hombros de su padre cuando él estaba parado con orgullo junto a una hilera de sus amadas uvas.

En el marco leyó una diminuta escritura: «Tú siempre serás mi mayor premio. Con amor, Papá».

En ese momento, le vino un pensamiento a la mente. Por qué no se le ocurrió antes, no lo podría decir. Lo que vio por primera vez era que los galardonados procedimientos de su padre con una viña eran como una foto de cómo él siempre la había cuidado a ella.

Mirando con fijeza por la ventanilla, pensó en la dedicación de toda una vida de su padre en lograr una cosecha de sus uvas. Y ahora, con una dedicación incluso mayor, había logrado una abundancia del corazón de la vida de ella: corrigiéndola con bondad cuando era necesario, guiándola con firmeza hacia la madurez y proporcionándole su amor constante e incondicional.

A medida que el tren traqueteaba hacia la frontera, su futuro parecía que se precipitaba hacia ella, cada vez más rápido. Sin embargo, el futuro que veía estaba lleno de promesa. Su padre la había preparado para cualquier cosa que le esperara delante. Y sosteniendo con fuerza la foto en sus manos, disfrutó del resplandor de la gozosa expectativa.

Confío en que nuestro tiempo en la viña haya sido una experiencia refrescante y alentadora para ti. Mi oración es que, cuando dejes estas páginas, lleves contigo un nuevo retrato del amor de tu Padre celestial, junto con un profundo deseo de cooperar con sus procedimientos en tu vida.

Jesús dijo: «Mi Padre hasta ahora trabaja, y yo trabajo» (Juan 5:17). ¿No es asombroso? El mismo Dios está trabajando, siempre, en cada circunstancia de nuestra vida, ¡y en cada reto que enfrentamos!

El premio de tu Padre

¡Y cuán amable es Jesús al darnos una ilustración tan memorable de este milagro! Una vid. Un pámpano lleno de promesa. Un Labrador, siempre en el trabajo. Un plan para una inmensa cosecha de cada discípulo...

Sin embargo, la verdad es que muchas mujeres no extienden la mano para tomar la promesa. Dudan aquí, en el umbral de la abundancia espiritual y emocional. ¿Por qué? Más tarde o más temprano, me parece, el asunto mismo revela ser uno relacional, una cuestión de verdad entre la hija y el Padre.

Cientos de mujeres que he conocido viven bajo la sombra de un «desagradable» Padre celestial.

Pienso en una mujer de Vermont llamada Maeve. Después de la lectura de *Secretos de la vid*, lo llamó un «volumen de esperanza». La ayudó a resolver una antigua interrupción en su relación con su Padre. «Siempre me sentía como la hijastra de Dios», escribió. «Aun cuando recibí la salvación a los dieciocho años de edad, a menudo me sentía desamparada en lo emocional. Los retos personales en mi vida y los años de sufrimiento físico me convencieron de que era una entenada no amada de mi Padre celestial. No obstante, ahora veo que lo malentendí por completo».

¿Cómo describirías tu relación con tu Padre? ¿Es algo que todavía te impide alcanzar lo que Dios quiere para ti?

Mientras concluimos este pequeño libro, pídele al Espíritu Santo que te muestre los asuntos sin terminar que pudieran estar entre tú y tu Padre. Pídele que te revele cualquier cosa que quizá te refrene para responder sin reservas a su mano en tu vida.

Es posible que solo estés a un paso del avance que has deseado por años.

El placer de tu compañía

Sharon, otra lectora de *Secretos*, escribió para decir que la golpeaba la declaración de que muchos cristianos no creen en realidad que le agraden a Dios. «¡Cuán triste y cuán cierto!», escribió. «Veo a Dios como alguien que debe estar siempre disgustado conmigo, que es un "desagradable" Padre celestial, en lugar de alguien que en verdad disfruta de mi compañía».

Sharon no está sola. Cientos de mujeres que he conocido viven bajo la sombra de un «desagradable» Padre celestial. No importa qué pudieran cantar ni decir en la iglesia, esas mujeres van a la casa de un Dios que consideran que no es digno de confianza y antipático. Sí, creen que Dios las *ama*... al fin y al cabo, amar al mundo es su trabajo. Sin embargo, ¿*agradarle*? ¿Un Padre que quiere estar cerca de ellas *cada minuto del día*? ¡Imposible de imaginar!

El premio de tu Padre

Ya ves cómo este común «mal del corazón» dejaría a una cristiana demasiado renuente a permitir al Labrador en cualquier parte cerca del pámpano de su vida.

¿Crees en un Dios que en verdad disfrutaría el placer de tu compañía? Es tiempo de averiguarlo.

Bruce a menudo usa una sencilla tabla de diagnóstico que considero útil. Presenta una serie de palabras que describen la actitud o el sentimiento de Dios hacia ti. Marca el punto en la escala que parece más acertado para ti. No respondas conforme a lo que quizá te han enseñado. ¡Responde con sinceridad de acuerdo a cómo piensas y sientes la mayor parte del tiempo!

Pienso en Dios como:

Egoísta .... Generoso
1   2   3   4   5   6   7   8   9   10

Intolerante .... Misericordioso
1   2   3   4   5   6   7   8   9   10

Descuidado .... Atento
1   2   3   4   5   6   7   8   9   10

Irritable .... Paciente
1   2   3   4   5   6   7   8   9   10

¿En qué parte de la escala decides caer? Si tus respuestas se organizan bien a la derecha, tienes un acertado cuadro de Dios. Si tus respuestas se alinean a la izquierda, es probable que te identifiques con Sharon, lo cual significa que confiar en la mano del Labrador en tu vida seguirá pareciendo imposible.

Analicemos una barrera principal y común en cada etapa de la vida de la mujer en la viña.

Temor del Padre

Tu mayor barrera para responder a la disciplina de Dios por el constante pecado podría ser el temor. Quizá digas: «Aun si lo que estoy haciendo es malo, tengo miedo de enfrentarme a Dios. ¿Qué pasa si Él me hace daño?».

Quizá la idea de la disciplina paternal ha llegado a estar enredada emocionalmente con el caos, la violencia, el maltrato y el descuido.

Esta respuesta a menudo surge de una experiencia negativa con tu propio padre u otra figura paternal. «La idea de la disciplina de mi Padre», dice Louise, «era decirme que era fea, gorda y que nadie se casaría conmigo». Marli dice: «Por lo general, recuerdo las furias de mi padrastro borracho y las bofetadas tan duras que me daba que me hacía volar por el cuarto».

A veces, la respuesta de la mujer no es tanto temor como vacío. Después que la madre de Tami dejó a su padre y se mudó al otro lado del país, su vida cambió de manera radical. «Mi papá permitía bastante que anduviera sin control», dijo. «No creo que en verdad le preocupara». Muchas otras crecieron en hogares donde un padre estaba casi siempre ausente. *Padre* se convierte solo en otra palabra para rechazo y pérdida.

Si has tenido experiencias similares cuando crecías, quizá la idea de la disciplina paternal ha llegado a estar enredada emocionalmente con el caos, la violencia, el maltrato y el descuido.

Sin embargo, ¡nuestro Padre celestial es diferente! Incluso en los tiempos bíblicos, la comparación entre el padre terrenal y el celestial necesitaba un poco de aclaración. El escritor de Hebreos contrastó la imperfecta disciplina de nuestros padres terrenales, quienes solo hacían «como mejor les parecía», con la disciplina vivificante de Dios, la cual es «para nuestro bien» (Hebreos 12:10, NVI).

A fin de soltar tu vieja e inservible idea del «padre» y alcanzar una nueva, necesitarás abrir tu corazón a una verdad sanadora: Dios es el Padre perfecto. Cada vez que interviene en tu vida, su intención es liberarte de una elección destructiva que tomarías en el rumbo equivocado y separada de Él. Sus acciones son amorosas, tiernas y sabias... y los resultados son los que dan vida.

Es por eso que la Biblia nos dice que nunca despreciemos ni rechacemos la mano de disciplina de Dios. En lugar de eso: «¿No hemos de someternos, con mayor razón, al Padre de los *espíritus*, para que *vivamos*?» (Hebreos 12:9, énfasis añadido).

Considera estas importantes verdades acerca de la disciplina de Dios:

- *Los métodos de tu Padre celestial son perfectos*. Él nunca maltrata a sus hijos. Nunca es demasiado duro ni demasiado indulgente. Nunca pierde los estribos. Éxodo 34:6-7; Deuteronomio 1:30-31; Salmo 34.

- *Los motivos de tu Padre celestial son perfectos*. Él no está tratando de castigarte ni de «nivelar el marcador». No recibe satisfacción personal cuando disciplina a sus «niños». Jeremías 29:11; Efesios 2:4-7; Santiago 1:17.

- *El compromiso de tu Padre celestial es perfecto*. Irá tras de ti de manera activa, aunque honra tu libertad de decisión. Lo que Él más quiere para ti es lo que te dará satisfacción duradera. Salmo 138; 1 Corintios 1:26-29; 2 Pedro 1:4.

- *El amor de tu Padre celestial es incondicional*. Tu Padre no te ama menos porque luchas con el pecado constante. Tampoco le *gustas* menos. Su amor por ti no tiene fin. Salmo 86:5; 2 Corintios 1:3; 1 Juan 3:1.

El premio de tu Padre

Si esta es una esfera en la que luchas, te animo a pasar tiempo con las Escrituras que aparecen aquí. Cuando estés preparada, da los pasos por los que espera tu Padre: Dile que confiarás en Él con tu vida, que te arrepientes sinceramente del pecado y las malas interpretaciones que te han mantenido apartada y que te vuelves a Él en sumisión y de manera incondicional. Puedes esperar que Dios comience un hermoso proceso de sanidad en tu corazón.

Él solo tiene un maravilloso y fructífero futuro en mente para ti, su preciosa hija.

Resistencia a su plan

Una mujer me dijo hace poco: «Preferiría que me cambiara siempre a través de placenteras y agradables circunstancias». La comprendí de inmediato, ¡y estoy segura de que tú también!

La barrera más común en la poda para las mujeres se expresaría más o menos así: «La poda se parece demasiado a la pérdida de algo importante para mí, *y se diría que no puedo soltarlo*».

Suelta la actividad, o la atadura o la posesión... Él tiene en mente algo mucho mejor para ti.

Si temes o te resistes a algo que Dios está tratando de cambiar en tu vida hoy, te beneficiarás de dar varios de los mismos pasos de confianza que bosquejé para la disciplina en la sección anterior. Aun cuando no estás enredada en un constante asunto de pecado, tu relación con Dios todavía está obstaculizada por tu falta de confianza en Él. Y hace falta confianza, más mucho valor, para liberarla.

Sin embargo, la Biblia dice: «Las obras de sus manos son fieles y justas; todos sus preceptos son dignos de confianza» (Salmo 111:7, NVI). «Tú eres bueno, y haces el bien; enséñame tus decretos» (Salmo 119:68, NVI).

Necesitamos liberarnos de una dependencia de la experiencia emocional que nos pruebe que Dios es verdadero o que nos ama.

El avance que espera por ti es para decidir creer y actuar sobre una verdad fundamental: *Tu Padre es bueno*. Él es todo sabiduría, todo amor, todopoderoso y trabaja en ti a fin de reorientar tus energías hacia un futuro mucho más fructífero de lo que puedes ver de momento.

Contigo en mente de manera específica, Él ha considerado todas las opciones, determinado la esfera en la cual enfocarse y escogido el tiempo y el método perfecto. Eso es lo que significa ser un Padre perfecto. Y es por lo que tú puedes confiar en Él lo suficiente para rendirte a su poda. Por lo tanto, suelta la actividad, o la atadura o la posesión... Él tiene en mente algo mucho mejor para ti. Acepta el tiempo difícil o la etapa de sufrimiento... Dios tiene el control y está trabajando en ti para tu *bien*.

El premio de tu Padre

La misma mujer que confesó que deseaba que Dios le trajera solo circunstancias agradables a nuestra vida continuó diciendo: «Por supuesto, las lecciones que he aprendido a través de los tiempos de dificultad no se pueden comparar con las que aprendí cuando todo era fácil... si es que acaso aprendí algo. Dios ha usado las pruebas de fe para quitarme las preocupaciones y entonces ser capaz de mostrarme más de Él mismo».

Libertad de los sentimientos

Si la permanencia es el secreto para la mayor abundancia espiritual posible, y la única manera de experimentar niveles más profundos de intimidad con Dios, ¿por qué parece que tan pocas de nosotras tenemos éxito en esto?

Basada en lo que a través de los años he aprendido de las cristianas, he concluido que una de las barreras más comunes para permanecer se describiría así: *Si no siento algo, no debe estar ocurriendo nada.*

Los sentimientos importan. Dios te creó con emociones y Él se preocupa por tu corazón. No obstante, si suponemos que la permanencia siempre trae consigo una cálida ráfaga de sentimientos, entonces cuando sientas poco o nada, concluirás que no estás permaneciendo. Pronto perderás el interés. Al final, en lugar de lidiar con sentimientos de culpa y fracaso, puede que te rindas del todo.

Todas sabemos, sin embargo, que las respuestas emocionales están determinadas por muchos factores: de nuestra condición física, de cuánto hemos dormido, si estamos ansiosas o deprimidas, de cuán bien nos llevamos con nuestros esposos, si hemos tomado nuestro café en la mañana, el tiempo, nuestro tipo de temperamento básico... ¡es una larga lista! Y no juzgamos nuestros matrimonios ni otras amistades importantes solo por los sentimientos ni por cualquier día dado.

No es de sorprenderse que la evaluación de nuestra intimidad con Dios mediante nuestras emociones solo nos metan al final en problema.

Por fortuna, la emoción es una parte maravillosa de una genuina experiencia espiritual. Los sentimientos de regocijo y liberación son regalos de Dios para nosotros, y nos inspiran a amarlo más. Aunque para crecer hacia la madurez, necesitamos liberarnos de una dependencia de la experiencia emocional que nos pruebe que Dios es verdadero o que nos ama.

El progreso de la permanencia que te invito a hacer es prometer seguir a Dios en una sincera y respetuosa amistad por el resto de tu vida *sin importar lo que sientas*. Ninguna otra relación sería tan importante y, a fin de cuentas, ninguna sería tan satisfactoria.

Cada día, Jesús te hace una invitación: «Mira que estoy a la puerta y llamo. Si alguno oye mi voz y abre la puerta, entraré, y cenaré con él, y él conmigo» (Apocalipsis 3:20).

El premio de tu Padre

¿Quieres que Él te venga a visitar? Entonces cada día de tu vida mantén abierta la puerta.

Escogidas para la gloria

¿Sabías que las plantaciones del valle de Napa en California a menudo no alcanzan el máximo de productividad durante cincuenta años? La fertilidad toma tiempo. Y la desbordante abundancia para Dios casi siempre toma una vida entera.

Sin embargo, ¡ahora sabes que Dios *está* trabajando en tu vida hoy! Y puedes estar absolutamente segura de esto: «El que comenzó tan buena obra en ustedes la irá perfeccionando hasta el día de Cristo Jesús» (Filipenses 1:6).

Por lo tanto, no importa en qué etapa de la vida estés hoy, anímate. Tu futuro en Dios es algo bello. Y Él se deleita mucho al observarte crecer.

Cuando te pares delante de Jesús con el fruto de tu vida, ¡es probable que no veas una sola uva! En su lugar, verás rostros.

Por supuesto, en ese día, no lejos de ahora, cuando te pares delante de Jesús con el fruto de tu vida, ¡es probable que no veas una sola uva! En su lugar, verás rostros. Tu «fruto» se agolpará a tu alrededor con gozo y celebración. En esos rostros verás a tu esposo, tus hijos, tus compañeros de trabajo, tus familiares y vecinos a los que acercaste más a Cristo. Verás personas alrededor del mundo que ni siquiera conociste que recibieron la influencia de los compromisos que hiciste hoy.

¡Serías capaz de ver a las personas que Dios traerá a tu sendero a partir de este momento!

En ese día, cuando el Padre te mire y te diga: «¡Hiciste bien, sierva buena y fiel!», sabrás que tu pasión de dar fruto para su gloria fue la mejor decisión que hayas hecho jamás como una hija de Dios.

Lleva contigo esas enseñanzas de la viña de Jesús en el mismo centro de tu corazón a medida que continúas tu viaje espiritual. Recuerda, a ti te aman de manera incondicional. Te guían cada día hacia una mayor satisfacción y propósito para Él. Y te escogieron para la abundancia.

¡Dios permita que tu canasto se desborde!

Apéndice

Tres etapas en la viña de Dios

Aspectos distintivos	LA ETAPA DE LA DISCIPLINA	LA ETAPA DE LA PODA	LA ETAPA DE LA PERMANENCIA
TU PRINCIPAL ARENA DE CRECIMIENTO	Pecado	Yo	El Salvador
EL PRINCIPAL OBJETIVO DE DIOS PARA TI	Purificar tu comportamiento	Priorizar tus valores	Buscar tu relación con Él
LO QUE MÁS QUIERE DIOS DE TI	Obediencia: dejar de pecar	Confianza: abandonar tus distracciones	Amar: profundizar tu amistad
LO QUE SERÍA TU MEJOR RESPUESTA	Arrepentimiento	Renuncia	Relación
LO QUE DEBIERAS DECIR CUANDO ORAS	«¡Ayúdame, Señor! Perdóname y líbrame del pecado».	«¡Úsame, Señor! Cámbiame de modo que logre hacer más por ti».	«¡Acércame a ti, Señor! ¡Nada más importa en realidad sino tú!»
LO QUE EXPERIMENTARÁS	Restauración	Liberación	Descanso
CUÁNDO TERMINARÁ ESTA ETAPA	Termina cuando dejas de pecar	Termina cuando cambias tus prioridades	No termina (¡Dios quiere que continúe para siempre!)
LO QUE MÁS QUIERE DARTE DIOS	Fruto de una vida obediente	Más fruto de una vida podada	Mucho fruto de una vida que permanece